Kriemann | Der Kosovokrieg 1999

Kriege der Moderne

Herausgegeben vom Zentrum für Militärgeschichte
und Sozialwissenschaften der Bundeswehr

Hans-Peter Kriemann

Der Kosovokrieg 1999

Reclam

Zentrum für Militärgeschichte und Sozialwissenschaften der Bundeswehr, Fachbereich Publikationen (0869-01)

2019 Philipp Reclam jun. Verlag GmbH,
Siemensstraße 32, 71254 Ditzingen
Umschlagabbildung: Oliver Eckstein – Zwei ECR-Tornados über Piacenza im Frühjahr 1999: Rückkehr von einem Einsatzflug der Operation Allied Force
Druck und Bindung: Firmengruppe APPL, aprinta druck GmbH,
Senefelderstraße 3–11, 86650 Wemding
Printed in Germany 2024
RECLAM ist eine eingetragene Marke der
Philipp Reclam jun. GmbH & Co. KG, Stuttgart
ISBN 978-3-15-011212-0

Auch als E-Book erhältlich

www.reclam.de

FSC www.fsc.org MIX Papier | Fördert gute Waldnutzung FSC® C004592

Dieses Buch wurde klimaneutral gedruckt.

Alle CO_2-Emissionen, die beim Druckprozess unvermeidbar entstanden sind, haben wir durch ein Klimaschutzprojekt ausgeglichen.

Nähere Informationen finden Sie hier:

Druckerzeugnis
www.natureOffice.com/DE-239-2BHLQ9L
klimaneutral
durch CO2-Ausgleich

Inhalt

➚ Turbulente Szene auf der Bundesversammlung von Bündnis 90 / Die Grünen am 13. Mai 1999: Außenminister Joschka Fischer wird von einem Farbbeutel am Ohr getroffen.

1 Jetzt ist Krieg

Am 13. Mai 1999 braute sich in der Bielefelder Seidensticker Halle ein innerparteiliches Gewitter zusammen, wie es die maßgeblich aus der Friedensbewegung hervorgegangene Partei Bündnis 90 / Die Grünen noch nicht erlebt hatte. Die Stimmung war aufgeladen. Im Eingangsbereich der Halle spielten sich turbulente Szenen ab. Polizisten mussten den Weg zum Tagungsort freiräumen, den Demonstranten blockiert hatten. Außenminister Joschka Fischer betrat die Halle durch einen Hintereingang. Er wurde von Sprechchören und Trillerpfeifen empfangen; Transparente hingen von den Geländern der Tribüne herab.

Gegen 10 Uhr begann mit einstündiger Verspätung die Bundesdelegiertenkonferenz, bei der es um die Beteiligung deutscher Truppen am NATO-Einsatz im Kosovokrieg ging. Während sich Fischer auf dem Podium sitzend auf seine Rede vorbereitete, traf ihn um 10.40 Uhr ein mit roter Farbe gefüllter Beutel am rechten Ohr. Sein Ohr war danach fast taub, doch er blieb auf der Bühne und trat um 12.05 Uhr entschlossen ans Rednerpult. Sprechchöre beschimpften ihn als »Mörder, Kriegshetzer, Verbrecher«. »Bodenkrieg in Bielefeld« titelte die *taz* hinterher. Fischer hielt die wohl wichtigste Rede seines Lebens:

> Jetzt ist Krieg, ja. Und ich hätte mir nie träumen lassen, dass Rot-Grün mit im Krieg ist. Aber dieser Krieg geht nicht erst seit 51 Tagen, sondern seit 1992 [...]. Er hat mittlerweile Hunderttausenden das Leben gekostet, und das ist der Punkt, wo Bündnis 90 / Die Grünen nicht mehr Protestpartei sind. [...] ich stehe auf zwei Grundsätzen: Nie wieder Krieg! Nie wieder Auschwitz, nie wieder Völkermord, nie wieder Faschismus! Beides gehört für mich zusammen. [...] Ich halte zum jetzigen Zeitpunkt eine einseitige Einstellung, eine unbefristete Einstellung der Bombenangriffe für das grundfalsche Signal. Milošević würde dann nur gestärkt und nicht geschwächt. Ich werde das nicht umsetzen, wenn ihr das beschließt – damit das klar ist.

Mit diesen Worten beschwor Fischer die Delegierten, ihm Rückhalt für eine rot-grüne Außenpolitik zu geben, welche die seit dem 24. März 1999 andauernden Luftschläge der NATO zur Beendigung des Kosovokonflikts auch durch die Entsendung deutscher Kampfflugzeuge mittrug. Damit verantwortete der erste grüne Außenminister eine Politik, die er selbst nur sechs Jahre zuvor als Machtpolitik und Zeichen neuerlicher Militarisierung verurteilt hatte. Sowohl 1993 als auch 1999 hatte Fischer mit dem Verweis auf Auschwitz Lehren aus der deutschen Geschichte für die Gegenwart abgeleitet und damit seine Haltung begründet.

Wie die anschließende Abstimmung auf dem Parteitag zeigte, gelang es ihm mit seinem leidenschaftlichen Auftritt, die Mehrheit der Delegierten für den Antrag des Bundesvorstandes zu gewinnen. Dieser plädierte für einen befristeten Bombardierungsstopp, um Zeit für die politische Konfliktlösung zu gewinnen. Im Gegensatz dazu hatte die Parteilinke eine unbefristete, sofortige Einstellung der NATO-Luftschläge gefordert. Die Debatte war deshalb so heikel, weil es in ihr um nichts Geringeres als den Fortbestand der rot-grünen Regierungskoalition ging, denn für die SPD-geführte Bundesregierung unter Bundeskanzler Gerhard Schröder und Vizekanzler Joschka Fischer war die deutsche Unterstützung des Luftkriegs unstrittig. Ein Abstimmungserfolg der Parteilinken hätte daher nach kaum sieben Monaten zum Ende der Koalition geführt.

Sowohl die Ereignisse des Parteitags als auch Fischers Überzeugung, dass die Beendigung einer humanitären Katastrophe und der Schutz der Menschenrechte den Einsatz militärischer Gewalt selbst ohne UN-Mandat notwendig machen können, sind symptomatisch für die innenpolitische Debatte über die zukünftige Rolle der Bundeswehr in der deutschen Außen- und Sicherheitspolitik. Der Kosovokonflikt ist ein Beispiel dafür, dass die internationale Staatengemeinschaft häufig gezwungen ist, auf massenhafte Verbrechen und Menschenrechtsverletzungen eines souveränen Staates an seiner eigenen Bevölkerung zu reagieren.

Ununterbrochen strömten im Frühjahr 1999 Flüchtlinge aus dem Kosovo über die Grenzen nach Albanien und Mazedonien. Der Kosovokonflikt führte zu massenhaften Vertreibungen ethnischer Albaner.

Mit der Epochenwende der Jahre 1989 bis 1991 hatte sich zwar die liberale Weltordnung nicht durchgesetzt – entgegen der These des amerikanischen Politikwissenschaftlers Francis Fukuyama (*Das Ende der Geschichte*) –, doch hofften viele Zeitgenossen auf »ein neues Zeitalter der Demokratie, des Friedens und der Einheit«. So zumindest hieß es in der »Charta von Paris für ein neues Europa« vom 21. November 1990, der Erklärung des KSZE-Treffens der Staats- und Regierungschefs, die das Ende des Kalten Krieges und der Teilung Europas dokumentiert. Dies galt insbesondere für die Deutschen, deren geteiltes Land sich seit dem Ende des Zweiten Weltkriegs genau an der Grenze zwischen den widerstreitenden Systemen befunden hatte. Die Aufarbeitung der NS-Vergangenheit, die Abgrenzung vom NS-Regime und seinen Verbrechen war dabei identitätsstiftend für die bundesdeutsche Gesellschaft. Von deutschem Boden sollte kein Krieg mehr ausgehen, lautete das Paradigma. Beflügelt durch die deutsche Wiedervereinigung erhoffte man sich eine sogenannte Friedensdividende. Demnach sollte der Staatshaushalt durch geringere Ausgaben für die Verteidigung entlastet werden. So mancher fragte sich, wozu es eigentlich noch Streitkräfte brauche, wenn Deutschland nur noch »von Freunden umzingelt ist« (Volker Rühe). Doch kaum waren acht Jahre vergangen, beteiligte sich die Bundesrepublik Deutschland mit Kampfflugzeugen an der NATO-Operation Allied Force, einem Luftkrieg des Bündnisses gegen die Bundesrepublik Jugoslawien. Dabei handelte es sich um den ersten Kampfeinsatz deutscher Soldaten nach dem Ende des Zweiten Weltkriegs, und er fand statt, ohne dass ein UN-Mandat vorgelegen hätte.

Der Weg in diesen ersten Kampfeinsatz war verschlungen und äußerst umstritten. Er begann bei den massiven Veränderungen des internationalen Mächtesystems seit dem Ende des Kalten Krieges. Deutschland und andere Staaten standen vor einer grundlegend veränderten außen- und sicherheitspolitischen Lage, die durch Staatszerfall und bürgerkriegsähnliche Auseinandersetzungen geprägt war. Die Entwicklung in Jugoslawien war hierfür ein klassisches Beispiel. Die deutsche Bundesregierung sah sich daher zunehmend zur Beteiligung an multinationalen militärischen Missionen in internationalen bewaffneten Konflikten gezwungen. Dies führte allerdings zu heftigen innenpolitischen Kontroversen. In den Augen der breiten Öffentlichkeit diente die Bundeswehr damals in erster Linie der Landes- und Bündnisverteidigung.

Nun ging es aber um die Frage, ob das Grundgesetz Auslandseinsätze außerhalb des NATO-Gebiets (*out-of-area*) überhaupt zulasse und welche Rolle der Bundestag dabei spielen sollte.

Der Zweite Golfkrieg einer internationalen Koalition gegen den irakischen Diktator Saddam Hussein hatte die Bundesregierung zum Jahresbeginn 1991 damit konfrontiert, dass ihre Partner eine militärische Beteiligung Deutschlands wünschten. Damit begann eine intensive innenpolitische Debatte über die zukünftigen Aufgaben deutscher Streitkräfte. Die Bandbreite der Positionen reichte dabei von der Abschaffung der Bundeswehr über ihre Entsendung im Rahmen humanitärer Hilfe bis hin zur Auffassung, dass ihr bewaffneter Einsatz auch außerhalb der Bündnisverteidigung durch das Grundgesetz bereits gedeckt sei.

Angesichts dieser Uneinigkeit sah sich die Bundesregierung zunächst nicht oder nur eingeschränkt in der Lage, ihre Bündnispartner militärisch zu unterstützen. Da ihre »Scheckbuchdiplomatie«, also eine hauptsächlich finanzielle Hilfe, auf Kritik stieß, geriet sie zunehmend unter außenpolitischen Druck. Das betraf seit 1992 auch die internationalen Einsätze auf dem Balkan. Aufgrund des innenpolitischen Streits über den Einsatz der Bundeswehr beschränkte sich die Bundesrepublik im Frühjahr 1992 zunächst auf die Entsendung des Sanitätsdienstes nach Kambodscha und beteiligte sich an der internationalen Luftbrücke zur Versorgung der in Sarajevo eingeschlossenen Bevölkerung.

Eine logistische Unterstützung in Somalia (UNOSOM II) 1993/94 schien der Regierung zunächst ebenfalls gut vermittelbar. Doch gerade bei diesem Einsatz versuchten der damalige Bundeskanzler Helmut Kohl und Verteidigungsminister Volker Rühe den deutschen militärischen Beitrag schrittweise zu erhöhen – in ihren Augen eine Normalisierung der sicherheitspolitischen Rolle Deutschlands. Für die SPD war das ein Versuch, die Verfassung mittels Regierungspraxis durch die Hintertür zu ändern. Also rief die SPD-Bundestagsfraktion im Frühjahr 1993 das Bundesverfassungsgericht an. Wenige Wochen zuvor hatte sie bereits gemeinsam mit der FDP gegen die deutsche Beteiligung an den AWACS-Aufklärungsflügen über der Adria geklagt, denn der multinationalen NATO-Besatzung der in Geilenkirchen bei Aachen stationierten Flugzeuge gehörten auch deutsche Soldaten an. Ihr Hauptargument war, dass die Bundesregierung das Mitwirkungsrecht des Bundestags verletzt habe, indem sie eigenmächtig über den Auslandseinsatz deut-

Der Zweite Senat des Bundesverfassungsgerichts in Karlsruhe, v. l. n. r. Paul Kirchhof, Jutta Limbach, Hans Hugo Klein, Konrad Kruis und Berthold Sommer, entschied am 12. Juli 1994, dass Auslandseinsätze der Bundeswehr verfassungsrechtlich zulässig seien. Jeder Einsatz der Bundeswehr benötigt allerdings die vorherige Zustimmung des Deutschen Bundestags.

scher Soldaten entschieden habe. Erst das Urteil vom 12. Juli 1994 schuf rechtliche Klarheit. Damit war der bewaffnete Einsatz deutscher Streitkräfte im Ausland möglich, bedurfte aber einer vorherigen konstitutiven Zustimmung. Von einem fraktionsübergreifenden Einvernehmen im Deutschen Bundestag konnte jedoch immer noch keine Rede sein. In den folgenden Jahren lotete die schwarz-gelbe Koalition (CDU/CSU und FDP) die Einsatzmöglichkeiten deutscher Streitkräfte vor allem über die Beteiligung an den internationalen Missionen zur Bewältigung der Kriege und Konflikte auf dem Balkan sukzessive aus. Sowohl die Beteiligung der Bundeswehr an der NATO-Luftoperation Deliberate Force zur Beendigung des Bürgerkriegs in Bosnien-Herzegowina im Spätsommer 1995 als auch die Unterstützung der folgenden IFOR- und SFOR-Missionen (zunächst Implementation Force IFOR, seit Ende 1996 Stabilization Force SFOR) mit Landstreitkräften in Stärke von 2200

AWACS-Aufklärungsflugzeug E-3A. Ein Airborne Early Warning and Control System ist ein fliegendes Radarsystem, dessen Zweck die luftgestützte Luftraumaufklärung und -überwachung ist. Es dient zudem als Einsatzleitzentrale, um Verbände oder Einheiten dirigieren zu können.

Mann zeigten, in welchem Ausmaß sich der Auftrag der Bundeswehr zu wandeln begonnen hatte. Einsätze schienen nunmehr unter der Prämisse eines Mandats der Vereinten Nationen (UN) sowie der Vermeidung von Kampfeinsätzen, insbesondere von Landstreitkräften, möglich.

Die deutsche Beteiligung am Kosovokonflikt stellte jedoch genau diesen Konsens infrage, denn im Endeffekt nahmen deutsche Kampfflugzeuge an der Luftkriegsoperation Allied Force *ohne* UN-Mandat teil. Sogar die Mitwirkung deutscher Landstreitkräfte an einer Angriffsoperation auf das Kosovo wurde in politischen und militärischen Führungskreisen diskutiert. Das deutsche KFOR-Kontingent (Kosovo Force), das mit einer Mandatsobergrenze von bis zu 8500 Soldaten bis heute das größte in der Geschichte der Auslandseinsätze der Bundeswehr ist, marschierte nach Kriegsende schließlich mit einem Stabilisierungsauftrag in das Kosovo ein. Somit stellt dieser Einsatz eine wichtige Zäsur in der Entwicklung der Bundeswehr dar. Er markiert einen neuen

Abschnitt in der Geschichte deutscher Streitkräfte, der in stärkerem Maße einen Wandel der Bundeswehr auf allen Ebenen nach sich zog. Damit wurde ein Prozess eingeleitet, der die Bundeswehr schließlich zu einer Armee im Einsatz werden ließ, wie wir sie heute kennen.

Diese Entwicklung konnte zu Beginn des Jahres 1998 niemand vorhersehen. Die grauenvollen Ereignisse im Kosovo, die sich seit dem Frühjahr 1998 quasi vor der eigenen Haustür abspielten, übten vor allem auf die europäischen Regierungen einen enormen Handlungsdruck aus. Angesichts massiver Menschenrechtsverletzungen stellte sich die berechtigte Frage, ob das Bekenntnis der Charta von Paris am Ende ein Lippenbekenntnis blieb. Wie sah die Zukunft Europas aus, wenn es der planmäßigen Vertreibung und der Ermordung von Mit-Europäern tatenlos zusah?

↗ Mit Schlagstöcken gehen serbische Polizisten am 2. März 1998 gegen Kosovo-Albaner in Priština vor, die friedlich für mehr Autonomie demonstrieren.

2 Jugoslawien als Bewährungsprobe für internationalen Frieden und Sicherheit

Der Zerfall Jugoslawiens

Die Wurzeln jener Ereignisse, die schließlich zur Gewalteskalation im Kosovo im Frühjahr 1998 und dann zum Krieg geführt haben, reichen tief. Spätestens mit der Aufhebung der Autonomie des Kosovo durch den serbischen Präsidenten Slobodan Milošević 1989/90 begann die unmittelbare Vorgeschichte dieser fatalen Entwicklungen. Die Kosovo-Albaner fühlten sich durch diesen Akt tief gedemütigt. Ihre Bestrebungen waren nun darauf gerichtet, die unter Staatspräsident Josip Broz Tito in den 1960er Jahren errungene Autonomie zurückzuerlangen.

Die internationale Gemeinschaft hatte zu dieser Zeit jedoch andere Sorgen. Einerseits beanspruchte der zu Ende gehende Kalte Krieg ihre

Unter dem kommunistischen Staatschef Jugoslawiens Josip Broz Tito (1892–1980) wurde das Kosovo eine autonome Provinz. Diese formelle Besserstellung erhöhte jedoch seine Abhängigkeit von der Republik Serbien.

volle Aufmerksamkeit. Andererseits wollte sie sich nicht in die inneren Angelegenheiten souveräner Staaten einmischen. Erst die Krisen und Konflikte des zerfallenden Jugoslawiens sollten dazu führen, dass sich im folgenden Jahrzehnt ein Interventionismus entwickelte und sich das Gewaltmonopol von der UN zu regionalen Bündnissen verschob.

Der Weg in den Krieg begann bereits nach dem Tod Titos 1980. Jugoslawien geriet immer tiefer in eine Systemkrise, für die eine Vielfalt politischer, wirtschaftlicher, rechtlicher und sozialpsychologischer Gründe verantwortlich waren. Die Versuche Titos, die nationalen Gegensätze zu überwinden, täuschten darüber hinweg, dass ethnische Vorurteile und Misstrauen in Jugoslawien weit verbreitet und tief verwurzelt waren. Die daraus resultierenden Selbständigkeitsbestrebungen führten schließlich zum Zerfall des Vielvölkerstaates.

Den Anfang machten Slowenien und Kroatien. Als die beiden Teilrepubliken am 25. Juni 1991 ihre Unabhängigkeit erklärten, kam es zu bewaffneten Auseinandersetzungen zwischen den Posten slowenischer

Grenzkontrollstationen und der Jugoslawischen Volksarmee. Diese endeten bereits nach zehn Tagen. Zeitgleich war es auch zu Kämpfen zwischen bewaffneten Serben und kroatischen Sicherheitskräften gekommen. Seit dem Spätsommer 1991 herrschte in Kroatien trotz internationaler Vermittlungsbemühungen ein blutiger Bürgerkrieg.

Im Kern ging es bei den Auseinandersetzungen um die Frage nach den Grenzen der Nachfolgestaaten der Sozialistischen Föderativen Republik Jugoslawien, die sich 1992 endgültig auflöste. Mehr als zwanzig südslawische Volksgruppen lebten in geografisch eng miteinander verschränkten Gebieten. Die Bildung ethnisch definierter Nationalstaaten musste zwangsläufig unlösbare Grenzkonflikte aufwerfen.

Trotz vereinzelter internationaler Bemühungen, den Vielvölkerstaat zu erhalten, schritt der Staatszerfall Jugoslawiens voran. Der deutschen Bundesregierung erschien dabei von Anfang an eine Internationalisierung des Konflikts als die einzig erfolgversprechende Lösung zur Beendigung des Bürgerkriegs. Gleichzeitig war Deutschland aber überzeugt davon, dass das Selbstbestimmungsrecht der Völker Grundlage des Miteinanders in Europa und unabdingbar für eine erfolgreiche Vertiefung der europäischen Integration war. Mit der vorgezogenen Anerkennung Sloweniens und Kroatiens am 23. Dezember 1991 setzte die deutsche Bundesregierung daher die anderen EG-Mitgliedstaaten unter Zugzwang. Die schließlich zum vereinbarten Termin am 15. Januar 1992 erfolgte Anerkennung Sloweniens und Kroatiens schuf der internationalen Gemeinschaft zwar neue Möglichkeiten zur Konfliktbewältigung und zum Schutz der nun souveränen Staaten, mit ihr war aber auch die Büchse der Pandora geöffnet worden. Der »Spaltpilz«, wie der Historiker Holm Sundhaussen die Entwicklung charakterisierte, begann sich von Norden nach Süden über das gesamte ehemalige Jugoslawien auszubreiten. Mazedonien etwa, welches trotz seines Unabhängigkeitsantrags vom 23. Dezember 1991 aufgrund einer Intervention Griechenlands erst später mit der Bezeichnung Former Yugoslav Republic of Macedonia (›Ehemalige Jugoslawische Republik Mazedonien‹) anerkannt worden war, sollte noch im Jahr 2000 von ethnischen Unruhen erschüttert werden.

Von Kroatien griff der Krieg jedoch zunächst auf Bosnien-Herzegowina über. Die Europäer wurden Zeugen von Kriegsgräueln, die viele für Phänomene einer längst überwundenen Epoche gehalten hatten. In

Grenzsituation im ehemaligen Jugoslawien 1999
Graz
ÖSTERREICH
Drau
Bozen
Maribor
Save
LJUBLJANA
SLOWENIEN
1991
ZAGREB
Brescia
Vicenza
Verona
Padua
Triest
Venedig
KROATIEN
1991
Piacenza
Etsch
Rijeka
Po
Parma
Ferrara
Reggio nell'Emilia
Modena
Bologna
Una
Ravenna
ITALIEN
Prato
Rimini
Florenz
SAN MARINO
Livorno
Ancona
Adriatisches Meer
Tiber
Split
Perugia
Pescara
VATIKAN-STADT
ROM
Foggia
Tyrrhenisches Meer
0
50
100
150
200
250 km
Neapel
Bari
Salerno
Grenze Jugoslawiens vor dem Zerfall bis 1991
Teilrepubliksgrenze
Provinzgrenze
1991 Jahr der Unabhängigkeit

Székeseehérvár
Oradea
UNGARN
Cluj-Napoca
Târgu Mureş
Tissa
Szeged
Arad
Pécs
Subotica
Mureş
Sibiu
Drau
Vojvodina
Osijek
Donau
Novi Sad
RUMÄNIEN
Save
anja Luka
Bosna
BELGRAD
BOSNIEN–
HERZEGOWINA
1992
Craiova
BUNDESREPUBLIK
JUGOSLAWIEN
1992
SARAJEVO
Donau
SERBIEN
Morava
BULGARIEN
MONTENEGRO
SOFIA
Priština
Dubrovnik
Kosovo
Podgorica
Prizren
SKOPJE
Struma
EHEMALIGE
JUGOSLAWISCHE
REPUBLIK
MAZEDONIEN
1992
TIRANA
Vardar
ALBANIEN
Thessaloniki
GRIECHEN-
LAND
©ZMSBw
08801-08

dem dreieinhalbjährigen Bürgerkrieg kam es zu Massenmorden und Vergewaltigungen; es wurde geraubt, geplündert und gebrandschatzt, oft genug im Zusammenhang mit systematischen Vertreibungen, die der Homogenisierung der einheimischen Bevölkerung dienen sollten, den sogenannten »ethnischen Säuberungen«. Die vom Frühjahr 1992 bis zum Herbst 1995 eingeschlossene Stadt Sarajevo wurde die am längsten belagerte Stadt in der europäischen Geschichte des 20. Jahrhunderts; dabei war sie noch 1984 friedlicher Schauplatz der Olympischen Winterspiele gewesen. Acht Jahre später feuerten serbische Truppen Mörsergranaten in die Stadt und zerfetzten Menschen, die für Brot anstanden. War dies das neue Europa der Demokratie, des Friedens und der Einheit?

Das Entsetzen und die Entrüstung der Weltöffentlichkeit war groß, zumal die internationale Gemeinschaft hilflos zusehen musste. Weder Handelsembargos noch Flugverbotszonen noch Verhandlungen ent-

Auch mehr als zehn Jahre nach dem Krieg in Bosnien-Herzegowina sind Wissenschaftler mit der Exhumierung von Opfern der »ethnischen Säuberungen« beschäftigt, August 2008.

schärften den Konflikt. Die Konfliktparteien, bosnische Serben, Bosniaken und bosnische Kroaten, brachen Dutzende Waffenstillstände. Die im Frühjahr 1992 entsandte United Nations Protection Force (UNPROFOR) verfügte weder über genügend Soldaten und Ausrüstung noch über die rechtliche Legitimation, um die Konfliktparteien zu trennen. Im Gegenteil, sie wurde sogar selbst in die Auseinandersetzung verwickelt. Tragischer Höhepunkt und Sinnbild dieser Entwicklung war die Ermordung von etwa 7000 bis 8000 muslimischen Jungen und Männern in der von den Truppen des bosnisch-serbischen Generals Ratko Mladić eingeschlossenen Stadt Srebrenica im Juli 1995. Im Glauben, sich und ihre Familien durch die Flucht in die UN-Schutzzone Srebrenica retten zu können, waren Tausende bosnische Muslime in die Stadt gekommen. Während ein Bataillon niederländischer UN-Friedenstruppen (»Blauhelme«) selbst zu Geiseln Mladićs wurde, begannen dessen Truppen unter den Augen der Weltöffentlichkeit mit den systematischen Morden.

Die **United Nations Organization** (Vereinte Nationen, kurz UN, VN oder UNO) ist ein Zusammenschluss vieler Staaten mit Sitz in New York. Ihr gehören fast alle Staaten der Erde an. Die UNO wurde nach dem Zweiten Weltkrieg 1945 gegründet und will verhindern, dass sich solche Kriege wiederholen. Ihr Ziel ist der Erhalt des Weltfriedens sowie der internationalen Sicherheit und die freundschaftliche Zusammenarbeit ihrer Mitglieder. Sie setzt sich für den Schutz der Menschenrechte ein. Bei Problemen zwischen Staaten hat sie eine Mittlerfunktion. Der UN-Sicherheitsrat ist verantwortlich für die Beilegung von Konflikten zwischen Ländern. Als »ständige Mitglieder« sind in ihm die USA, Russland, China, Frankreich und Großbritannien vertreten. Diese Länder haben ein Vetorecht. Das heißt, sie können Entscheidungen verhindern, die nach dem Mehrheitsprinzip von den Mitgliedsstaaten beschlossen wurden.
Die Vorgehensweise der internationalen Gemeinschaft bei Bedrohung oder Bruch des Friedens regelt Kapitel VII der Charta der Vereinten Nationen. Zur Wahrung der internationalen Sicherheit können wirtschaftliche (Artikel 41) und militärische Zwangsmaßnahmen (Artikel 42) beschlossen werden.

Die **North Atlantic Treaty Organization** (Nordatlantikpakt, kurz NATO) wurde 1949 von den USA, Kanada und zehn europäischen Staaten gegründet. Durch dieses Militärbündnis sollten die kommunistischen Staaten davon abgehalten werden, gegen den Westen Krieg zu führen. Nach dem Ende des Kalten Krieges änderten sich die Ziele der NATO. Seit 1991 entwickelte sie sich von einer reinen Verteidigungsorganisation zu einer Organisation, die sich weltweit für Frieden und Freiheit einsetzt. In den 1990er Jahren gehörten ihr 16 Staaten an. Mit der Aufnahme Polens, Ungarns und der Tschechischen Republik im Jahr 1999 stieg die Zahl ihrer Mitgliedstaaten auf 19 an; heute (2019) sind es 29 Staaten. Das NATO-Hauptquartier hat seinen Sitz in Brüssel. Das ihm unterstellte Supreme Headquarters Allied Powers Europe (Oberstes Hauptquartier der Alliierten Streitkräfte in Europa, kurz SHAPE) ist im belgischen Mons angesiedelt. Der Supreme Allied Commander Europe (Oberster Alliierter Befehlshaber Europa, kurz: SACEUR) führt das SHAPE-Hauptquartier. Er ist immer ein US-General oder US-Admiral und kommandiert auch die in Europa stationierten US-Truppen. Für mehr Informationen siehe Seite 38/39.

Bereits 1994 hatte die NATO den militärischen Druck auf die Kriegsparteien deutlich erhöht und am 28. Februar 1994 vier Super-Galeb-Kampfflugzeuge der bosnischen Serben abgeschossen. Die NATO-Angriffe auf serbische Flugzeuge und Bodenziele wegen Verletzung der Flugverbots- bzw. der waffenfreien Zone beantworteten die bosnischen Serben, indem sie sich an der Zivilbevölkerung rächten oder UNPROFOR-Soldaten als Geiseln nahmen. Damit trafen sie die westlichen Staaten an ihrer verwundbarsten Stelle, da deren Politik vom Rückhalt in der Bevölkerung abhängig war, die weder eigene Verluste noch den Mord an Zivilisten tolerierte. Gleichwohl hielt die NATO an ihrem Kurs fest.

Im Frühjahr 1995 waren bereits von den USA geschulte kroatische und bosnische Kämpfer zum Einsatz gekommen, und die europäischen NATO-Staaten entsandten im Sommer 1995 eine 10 000 Mann starke und kampfkräftig bewaffnete Schnelle Eingreiftruppe aus britischen, französischen und niederländischen Einheiten, während die NATO eine groß angelegte Luftoperation mit mehr als 300 Flugzeugen vorbereitete. Zwei Tage, nachdem am 28. August 1995 bei einem Angriff serbischer

V. l. n. r.: Serbiens Präsident Milošević, sein bosnischer Amtskollege Izetbegović und der kroatische Präsident Tudjman paraphieren in Anwesenheit des US-Außenministers Warren Christopher in der Nähe von Dayton den Friedensvertrag für Bosnien-Herzegowina. Er wird im Dezember 1995 in Paris unterzeichnet.

Mörser auf dem Markale-Platz in Sarajevo 37 Zivilisten den Tod gefunden hatten, begann die NATO die Luftoperation Deliberate Force. Auf der Basis eines UN-Mandats nahmen ihre Kampfflugzeuge serbische Stellungen unter massiven Beschuss. Am Boden stand die Schnelle Eingreiftruppe zur Unterstützung der UNPROFOR bereit.

Auch die Bundeswehr beteiligte sich an diesem Einsatz. Das im norditalienischen Piacenza stationierte Einsatzgeschwader 1 der Luftwaffe hatte am 7. August 1995 Einsatzbereitschaft gemeldet. Die acht ECR-Tornados (*Electronic Combat and Reconnaissance*, dt. ›Elektronische Kampfführung und Aufklärung‹) und die sechs RECCE-Tornados (von *reconnaissance*, dt. ›Aufklärung‹) der Luftwaffe hatten unterschiedliche Aufgaben: Die ECR-Tornados schützten jene NATO-Flugzeuge, die zur Unterstützung der Schnellen Eingreiftruppe eingesetzt wurden, indem sie serbische Flugabwehrraketenstellungen mithilfe ihrer HARM-Raketen (*High Speed Anti-Radiation Missile,* also eine Luft-Boden-Rakete zur Bekämpfung von bodengestützten Radaranlagen) bekämpften. Die RECCE-Tornados trugen durch ihre Aufklärungsergebnisse im Rahmen der Luftraumüberwachung indirekt zum Schutz der Eingreiftruppe bei.

Dank der veränderten Kräfteverhältnisse gelang es am 12. Oktober 1995 schließlich, einen Waffenstillstand auszuhandeln. Abgeschirmt von der Außenwelt stimmten die Vertreter der Konfliktparteien, der serbische Präsident Milošević, der kroatische Präsident Franjo Tudjman und der Vorsitzende im bosnisch-herzegowinischen Präsidium Alija Izetbegović, auf der Luftwaffenbasis Wright-Patterson bei Dayton (Ohio) am 21. November 1995 einem Vertrag zu, der Waffenstillstandsvereinbarungen und die Schaffung einer neuen Staatsordnung in Bosnien-Herzegowina beinhaltete. Er wurde am 14. Dezember 1995 in Paris unterzeichnet. Mit diesem sogenannten Abkommen von Dayton endete der Krieg in Bosnien-Herzegowina.

Politische Lösungsversuche

Nicht Teil des Dayton-Abkommens war das Kosovo, eine serbische Provinz der 1992 aus Serbien und Montenegro gegründeten Bundesrepublik Jugoslawien (Hauptstadt Belgrad). Zwei Gründe waren dafür ausschlaggebend: Zum einen gehörte das Kosovo staatsrechtlich zu Serbien, zum anderen sollte durch die heikle Frage nach seinem Status die Chance auf die Beilegung des bosnischen Bürgerkriegs nicht aufs Spiel gesetzt werden.

Zeitgleich zu den Entwicklungen in den jugoslawischen Teilrepubliken hatte auch im Kosovo ein Loslösungsprozess begonnen. Der Unterschied bestand jedoch darin, dass das Kosovo im Gegensatz zu den Teilrepubliken nicht nur eine serbische Provinz war, sondern auch die serbische Identität prägte. So liegt das Amselfeld im Kosovo, auf dem 1389 eine schicksalhafte Schlacht zwischen Serben und Osmanen stattfand. Nach dem Verlust ihrer Autonomie waren die Lebensbedingungen für die muslimischen Kosovo-Albaner schwierig geworden. Albanische

Politiker wurden verfolgt, es gab ungeklärte Todesfälle Inhaftierter, massenhafte Entlassungen aus öffentlichen Einrichtungen, Verfolgung von Journalisten und Einschränkungen der Pressefreiheit. Das öffentliche Leben war von Serben dominiert, obwohl diese nur 9,9 Prozent der Bevölkerung ausmachten, während 81,6 Prozent albanischer Abstammung waren.

In einer geheimen Sitzung verabschiedete das kurz zuvor von den Serben aufgelöste Kosovo-Parlament am 7. September 1990 eine Verfassung, in der die Unabhängigkeit der serbischen Provinz erklärt wurde. In einem Referendum vom 26. bis 30. September 1991 erklärten die Kosovo-Albaner ein Jahr später in Priština (alb. Prishtina) ihre Unabhängigkeit. Aus den international nicht anerkannten Parlamentswahlen am 24. Mai 1992 ging die Demokratische Liga des Kosovo (LDK) als Sieger hervor. Ihr Führer Ibrahim Rugova wurde zum Staatspräsidenten gewählt. Rugova verfolgte einen gewaltfreien Kurs zur Unabhängigkeit. Doch angesichts der immer unerträglicheren serbischen Herrschaft im Kosovo wuchs die Zahl der Unzufriedenen. Die kosovarische Gesellschaft begann sich zu spalten und die Zeit, in der eine internationale Konfliktlösung noch Aussicht auf Erfolg gehabt hätte, verstrich ungenutzt.

Ibrahim Rugova (1944-2006) gilt als zentrale Figur des gewaltfreien Kampfes der Kosovo-Albaner. Er war Schriftsteller, Mitgründer und Vorsitzender der Demokratischen Liga des Kosovo. Von 2002 bis 2006 war er Präsident des Kosovo.

Mit Blick auf die beunruhigende Entwicklung im Kosovo drohte die US-Regierung unter George Bush Ende 1992 Milošević unmissverständlich: »Im Fall eines Konfliktes im Kosovo, durch serbische Aktionen ausgelost, sind die USA bereit, militärische Gewalt gegen die Serben im Kosovo und in Serbien selbst einzusetzen.« Dennoch galt die internationale Aufmerksamkeit damals im Wesentlichen der Beilegung des

Bosnienkriegs, auch wenn sich im Rahmen der Internationalen Konferenz über das ehemalige Jugoslawien eine Sondergruppe Kosovo den dortigen Problemen widmete. Die Bemühungen liefen allerdings ins Leere. Bereits 1993/1994 scheiterte ein Vermittlungsversuch im Bildungssystem, der die Albaner in die Schulen und Universitäten zurückholen sollte. Die Fronten waren bereits zu verhärtet. Da die Vertreter der Kosovo-Albaner dann weder nach Dayton eingeladen worden waren noch ihre Situation Gegenstand der dortigen Verhandlungen wurde, schwanden die Hoffnungen auf eine Änderung ihrer Lage. Und in der Tat wurde die Situation im Kosovo nach Dayton kaum noch von der internationalen Gemeinschaft beachtet.

Zwar dominierte Ende 1995 in der Region noch das pazifistische Lager, doch die Zahl der Militanten wuchs. Bereits 1992 hatte sich die Befreiungsarmee des Kosovo, die UÇK, formiert. Bei der UÇK handelte es sich um keine einheitliche Organisation. Vielmehr setzte sie sich aus rivalisierenden Gruppen zusammen, die verschiedenen Clan- und Fami-

Angehörige der UÇK mit albanischer Flagge bei einer Parade für den ein Jahr zuvor getöteten Clanführer Jashari in Prekaz, 6. März 1999

lienstrukturen angehörten. Die UÇK operierte über die Grenzen des Kosovo hinweg und wurde zunächst von einzelnen Clans wie den Jasharis und Ahmetis getragen. Sie finanzierte sich mutmaßlich durch illegale Methoden und bezog Geld aus dem Drogenhandel. Die Grenzen zwischen Widerstandsorganisation und organisierter Kriminalität waren fließend.

Noch bis 1997 bestand sie gerade einmal aus 150 Kämpfern. Doch ihre 1996 gegen serbische bzw. jugoslawische Sicherheitskräfte begonnenen Anschläge trugen wesentlich zur Gewalteskalation bei. Belgrad stufte – wie zunächst auch Washington – die UÇK als terroristische Organisation ein und entsandte zusätzliche Sicherheitskräfte. Zudem wurde versucht, mit zunehmenden Repressalien gegen die albanische Bevölkerung der Lage Herr zu werden. Dadurch spielte die jugoslawische Bundesregierung der UÇK in die Hände, denn diese versuchte, durch die gezielte Provokation der serbischen Polizei den Kosovokonflikt zu internationalisieren. Damit schwand die Unterstützung für Rugovas gewaltfreien Kurs; die UÇK gab mit ihren Gewalttaten fortan den Takt an.

Am 28. Februar 1998 wurden bei einem Gefecht zwischen der serbischen Polizei und der UÇK in Likoshani und Čirez (alb. Qirez) vier serbische Polizisten und mehrere UÇK-Kämpfer getötet. In einer Vergeltungsaktion schloss die serbische Polizei daraufhin ganze Dörfer ein und tötete mindestens 16 Kosovo-Albaner willkürlich, darunter auch Frauen und Kinder. Die anschließenden Proteste der kosovo-albanischen Bevölkerung übertrafen in ihrem Ausmaß alle bisherigen Unruhen. Die Lage im Kosovo drohte der Regierung zu entgleiten. Daher sollte in einer großangelegten Polizeioperation vom 4. bis zum 7. März 1998 im Drenica-Tal, einer Hochburg der UÇK, Adem Jashari, einer ihrer Anführer, gefangen genommen werden. Am 5. März griffen Sonderpolizeieinheiten Prekaz, den Heimatort des Gesuchten, an. Im Verlauf des zweitägigen Gefechts wurden Jashari und seine Familie, insgesamt mehr als 50 Personen, getötet. Innerhalb einer guten Woche waren damit mehr als 80 Menschen, darunter Frauen und Kinder, gewaltsam zu Tode gekommen.

Die zunehmende Eskalation der Lage, die medienwirksamen Bilder getöteter Zivilisten und die beginnenden Flüchtlingsbewegungen zwangen die internationale Gemeinschaft zum Handeln. Eine weitere humanitäre Katastrophe wie zuvor in Bosnien sollte unbedingt verhindert werden. Zunächst trat die bereits als Forum internationaler politischer Bemühungen zur Bewältigung des Bosnien-Konflikts gegründete Kontaktgruppe am 9. März 1998 in London zusammen. Militärische Gewalt als Mittel der Politik stand zu diesem Zeitpunkt nicht zur Debatte. Trotz der gefährlichen Entwicklungen im Kosovo einigten sich die Kontaktgruppenstaaten lediglich auf einen eher dürftigen Minimalkonsens, nämlich die Androhung eines Waffenembargos und weiterer Sanktionen gegen Jugoslawien.

Die Positionsunterschiede dieser Akteure schienen kaum überwindbar, was eine erfolgreiche Bewältigung des Kosovokonflikts erschwerte. Das lag vor allem an der russischen Weigerung, Zwangsmaßnahmen nach Kapitel VII der UN-Charta zu unterstützen. Milošević nutzte die russische Unterstützung sowie die unterschiedlichen Interessen und spielte die einzelnen Mitgliedstaaten der Kontaktgruppe in den folgenden Wochen geschickt gegeneinander aus. Zwar gelang auf einer weiteren Sitzung dieses Gremiums am 25. März 1998 eine Einigung, und man verabschiedete unter Berufung auf Kapitel VII am 31. März 1998 die Resolution 1160. Doch obwohl die Kontaktgruppe darin die Einstellung der Kampfhandlungen, die Einrichtung einer OSZE-Beobachtermission sowie die Durchsetzung eines Waffenembargos forderte, konnte sie Belgrad nicht zum Einlenken bewegen.

Inzwischen hatten die Kämpfe an Intensität erheblich zugenommen. Zahlreiche Kosovo-Albaner waren aus ihren Heimatorten vertrieben worden. Bis Juni 1998 flüchteten 140 000 davon nach Deutschland. Die Bundesregierung fürchtete, mit einem ähnlichen Flüchtlingsstrom wie zu Beginn des Jahrzehnts nach dem Ausbrechen der Bürgerkriege in Kroatien und Bosnien-Herzegowina konfrontiert zu werden. Damals

Die sogenannte **Kontaktgruppe für Bosnien-Herzegowina** wurde am 25. April 1994 durch die Außenminister der USA, Russlands, Frankreichs, Großbritanniens und Deutschlands als pragmatisches Forum zur Bewältigung des Bosnienkrieges gebildet. Sowohl die UN als auch die OSZE hatten sich dazu als ungeeignet erwiesen, da individuelle staatliche Machtinteressen und interne Abstimmungsprozesse den politischen Lösungsprozess behinderten.

Der Organisation für Sicherheit und Zusammenarbeit in Europa (**OSZE**) mit Hauptsitz in Wien gehören alle europäischen Staaten plus die Türkei, die USA, Kanada sowie alle Nachfolgestaaten der Sowjetunion an. Die OSZE wird als System kollektiver Sicherheit betrachtet. Ihre Hauptaufgabe ist die Friedenssicherung und der Wiederaufbau nach Konflikten. In regelmäßigen Abständen treffen sich Vertreter der Mitgliedstaaten und tauschen sich über politisch-militärische Themen, über Wirtschaft und Umwelt sowie über humanitäre Fragen aus. Nach Kapitel VIII der UN-Charta soll die OSZE erster internationaler Ansprechpartner bei Konflikten innerhalb ihres Einflussgebiets sein.

kamen innerhalb von zwei Jahren fast 350 000 Flüchtlinge nach Deutschland, die meisten von ihnen Kosovo-Albaner. Das sollte sich nicht wiederholen. Gerade auch mit Blick auf die bevorstehenden Bundestagswahlen prüfte die Bundesregierung angesichts der Uneinigkeit in der Kontaktgruppe und der eskalierenden Sicherheitslage im Kosovo gemeinsam mit Frankreich bereits im März 1998 auch, ob militärische Abschreckung die regionale Stabilität auf dem Balkan gewährleisten könnte.

Die USA sahen sich zu einer Beteiligung an militärischen Maßnahmen gegen die Bundesrepublik Jugoslawien angesichts innenpolitischer Herausforderungen jedoch nicht in der Lage. US-Präsident Bill Clinton war durch die sogenannte Lewinsky-Affäre angeschlagen, mit der er fast sein Amt aufs Spiel gesetzt hätte. Besonders Sandy Berger, der Sicherheitsberater Clintons, hatte kein Interesse daran, weitere Konfliktfelder aufzumachen. Zudem war ein solcher Einsatz für die USA aus legitimatorischen Gründen nur im multilateralen Kontext der NATO vorstellbar. Da das Konsensprinzip der Organisation nur ein gemeinsames Vorgehen zuließ, fürchtete Berger ein Scheitern des Vorhabens in der NATO, das unter allen Umständen vermieden werden sollte.

Daher überlegte das deutsch-französische Tandem, die Westeuropäische Union (WEU) mit militärischen Abschreckungsmaßnahmen zu beauftragen. Dies scheiterte jedoch daran, dass sich die Bundesregierung nicht dazu in der Lage sah, sich entsprechend militärisch zu beteiligen. Im Fokus der Gespräche stand insbesondere die Überwachung

Nach der Eskalation des Kosovokonflikts kamen allein bis Juni 1998 140 000 Kosovo-Flüchtlinge nach Deutschland, 9. April 1999.

der kosovarischen Grenze zu Albanien. Aufgrund der Erfahrungen in Bosnien befürchtete die Bundesrepublik, dass eine Eskalation der Lage die tatsächliche Durchführung militärischer Zwangsmaßnahmen während eines solchen Einsatzes erfordern könnte. Dies kam für Deutschland aus innenpolitischen Gründen grundsätzlich nur bei Vorliegen eines UN-Mandates für Maßnahmen nach Kapitel VII der UN-Charta in Betracht.

Am 1. April 1998 berieten sich Außenminister Klaus Kinkel (FDP) und Verteidigungsminister Volker Rühe (CDU) über mögliche militärische Implikationen des weiteren Konfliktlösungsprozesses. Zwei Tage später lehnte das Bundesministerium der Verteidigung (BMVg) nach Prüfung alle Vorschläge des Auswärtigen Amtes ab. Lediglich eine Beteiligung an einer eventuellen UNPREDEP-Folgeoperation (*United Nations Preventive Deployment Force*), die seit 1995 in Mazedonien stationiert war, wurde zugesagt. Also blieb es bei einer Aufstockung der

Die **Westeuropäische Union** (WEU) ging 1954 mit dem Beitritt Deutschlands und Italiens aus dem ursprünglich 1948 von Frankreich, Großbritannien und den Beneluxstaaten gegründeten Brüsseler Pakt hervor. Sie war sowohl ein militärisches als auch ein politisches Bündnis mit automatischer Beistandsverpflichtung im Falle eines militärischen Angriffs. In den 1990er Jahren strebte man eine Entwicklung der WEU als Verteidigungskomponente der Europäischen Union (EU) an. Auch war vorgesehen, sie als europäische Säule der NATO aufzubauen. Im Zuge von Kompetenzverschiebungen wurden zu Beginn der 2000er Jahre zentrale Funktionen der WEU auf die EU übertragen. 2011 ging sie vollständig in der Gemeinsamen Sicherheits- und Verteidigungspolitik der EU auf.

WEU-Polizeiberater in Albanien von 60 auf 100 Polizisten, im Übrigen die einzige Beteiligung der WEU in diesem Konflikt.

Nachdem auch der erhoffte Dialog zwischen Belgrad und Priština nicht wie durch die Bundesregierung angestrebt binnen einer Woche nach dem letzten Treffen der Kontaktgruppe vom 25. März 1998 zustande gekommen war und die Aussichten auf eine diplomatische Lösung schwanden, wandte sich Wolfgang Ischinger, Politischer Direktor des Auswärtigen Amts, an seine Washingtoner Kollegen. In Gesprächen mit dem stellvertretenden US-Außenminister Strobe Talbott, mit Vertretern des Nationalen Sicherheitsrates der Vereinigten Staaten (engl. *United States National Security Council*) und des US-amerikanischen Verteidigungsministeriums setzte er sich dafür ein, dass die USA eine Führungsrolle bei der Lösung des Konflikts übernehmen sollte. Aus Sicht des Auswärtigen Amts war das einzige erfolgversprechende Mittel eine US-amerikanische »Shuttle Diplomacy« zwischen den Kriegsgegnern sowie die Prüfung militärischer Maßnahmen. Da aus Sicht des BMVg die WEU nicht in Frage kam, bedurfte eine Lösung im NATO-Rahmen ebenfalls der US-Führung.

Der Vorschlag der Deutschen, eine glaubhafte militärische Drohkulisse gegenüber der Bundesrepublik Jugoslawien aufzubauen, war insbesondere im US-amerikanischen Außenministerium auf offene Ohren gestoßen. Doch scheiterte Außenministerin Madeleine Albright noch bis in die zweite Maihälfte 1998 am Widerstand des Weißen Hau-

US-Außenministerin Madeleine Albright

ses. Nachdem die Europäer sich nicht zu einem eigenen militärischen Einsatz hatten durchringen können, trugen die französische und italienische Regierung die Idee der Prüfung militärischer Maßnahmen Anfang Mai in die NATO hinein. Das Auswärtige Amt war darüber informiert. Da es aber Wert darauf legte, dass nicht gerade Deutschland den Anstoß zur Prüfung militärischer Optionen gab, unterstützte es erst später den französisch-italienischen Vorschlag.

Zeitgleich allerdings versuchte das BMVg in der NATO noch darauf hinzuwirken, dass der Plan, eine militärische Drohkulisse gegenüber Milošević aufzubauen, verworfen wurde. Damit stand es nicht allein, denn auch das Pentagon zeigte sich skeptisch, da die militärische Glaubwürdigkeit der USA auf dem Spiel stehen konnte. Schließlich konnte die NATO militärische Gewalt nur dann androhen, wenn sie auch bereit war, diese in letzter Konsequenz auszuüben. Genau dies blieb das zentrale Paradoxon, nicht nur aus Sicht der Bundeswehr: Kämpfen können, um nicht kämpfen zu müssen, verlangte im Zweifelsfall, Drohungen auch militärische Gewalt folgen zu lassen. Der militärischen Führung war diese fatale Dynamik von vornherein bewusst.

Daher beauftragte der Nordatlantikrat nach dem Treffen der NATO-Außenminister am 28. Mai 1998 die NATO-Planer des SHAPE zunächst damit, eine präventive Stationierung von Truppen in Albanien und Mazedonien zu prüfen, um einer Ausweitung des Konflikts auf die Nachbarstaaten vorzubeugen. Diese Maßnahmen zielten noch auf eine Stabilisierung des gesamten Balkanraumes ab. Doch bis zum Treffen der NATO-Verteidigungsminister am 11. Juni 1998 hatte sich die Perspektive längst zugunsten der Prüfung und Planung einer möglichen militärischen Intervention verschoben. Spätestens zu diesem Zeitpunkt bestand der Konsens unter den NATO-Mitgliedstaaten, dass sie die Androhung und damit in letzter Konsequenz auch die Anwendung militärischer Gewalt seitens der Allianz zur Unterstützung des politischen Prozesses befürworteten.

Wolfgang Ischinger, Politischer Direktor des Auswärtigen Amts

Uneinigkeit innerhalb des Bündnisses herrschte jedoch über die rechtlichen Voraussetzungen einer solchen humanitären Intervention, und zwar zwischen den USA und den europäischen Mitgliedstaaten. Russland hatte seit den ersten Kontaktgruppentreffen zu Jahresbeginn bereits signalisiert, dass es gegen eine militärische Intervention durch die NATO auf jeden Fall sein Veto einlegen würde. Dafür war weniger die historisch bedingte Nähe zu Serbien ausschlaggebend. Vielmehr wollte die russische Regierung angesichts ähnlicher Konflikte und Zerfallserscheinungen im eigenen Land und an seiner Peripherie verhindern, dass ein Präzedenzfall entstand und die NATO auch anderswo aufgrund eines UN-Mandats militärisch in innerstaatliche Konflikte eingreifen konnte. Das galt nicht nur für Unabhängigkeitsbestrebungen wie zum Beispiel in Tschetschenien, sondern betraf auch ehemals sowjetische Staaten, die die frühere Supermacht als ihr unmittelbares Interessens- und Einflussgebiet wahrnahm, wie Georgien oder die Ukraine.

Die USA wiederum dachten gar nicht daran, ihr Handeln und das der NATO von einer russischen Zustimmung abhängig zu machen. Die Regierung in Washington versuchte stattdessen, mit einer Intervention der Allianz ohne deren Autorisierung durch ein UN-Sicherheitsratsmandat ihrerseits einen Präzedenzfall zu schaffen. Davon erhoffte sich

NATO-Generalsekretär Javier Solana verkündet auf einer Pressekonferenz am 11. Juni 1998 im NATO-Hauptquartier in Brüssel, dass die NATO jetzt auch militärische Optionen gegen Jugoslawien prüfe.

die US-amerikanische Regierung in Zukunft einen größeren Freiraum an außen- und sicherheitspolitischen Gestaltungsmöglichkeiten.

Die europäischen NATO-Partner jedoch wollten genau das vermeiden, denn eine solche Entscheidung hätte ihren außen- und sicherheitspolitischen Einfluss sowohl in politischer als auch in geostrategischer Hinsicht reduziert. Großbritannien und Frankreich konnten als Vetomächte UN-Sicherheitsratsmandate theoretisch blockieren. Das zwang die US-Regierung, ihre Haltung zumindest zu berücksichtigen. Sehr viel bedeutender war für die Europäer die Rolle der ehemaligen Supermacht und Vetomacht im UN-Sicherheitsrat Russland. Ein UN-Sicherheitsratsmandat als Legitimationsgrundlage für das Handeln der NATO zwang Washington, sich auch mit Moskau abzustimmen. Dazu benötigten die USA Deutschland und Frankreich als Vermittler. Großbritannien wiederum konnte den USA gegenüber Frankreich sekundieren, wie es gelegentlich auch die deutsche Bundesregierung tat. Es war also vor allem das Vetorecht Russlands im UN-Sicherheitsrat, das es den Eu-

Von der Aviano Air Base, einem Stützpunkt der US-Luftwaffe im Nordosten Italiens, startet am 24. März 1999 ein Kampfflugzeug vom Typ F-16. Am Boden steht eine AWACS-Maschine.

ropäern, allen voran Deutschland, ermöglichte, eigene Interessen gegenüber den USA auch in der NATO zu behaupten.

Im Falle des Kosovokonflikts war allerdings die Kontaktgruppe das wichtigste Forum für die internationale Krisendiplomatie. Zwar ermöglichte die Konsensregel auch eine Beteiligung innerhalb der NATO, nur hatten bereits der Bosnienkrieg und nun auch der Kosovokonflikt gezeigt, dass ohne die militärischen Kapazitäten der USA kein glaubwürdiger Druck aufgebaut werden konnte. Die Europäer verfügten trotz der WEU nicht über die zur Lösung dieses Konflikts notwendigen Mittel. Und tatsächlich drohte die US-Regierung den Europäern, die ja mit den unmittelbaren Konsequenzen des Kosovokonflikts konfrontiert waren und dessen schnelle Beendigung wünschten, damit, dass sie im Falle einer Nicht-Kooperation den Konflikt alleine zu lösen hätten. Das erklärt, warum sich die USA gegen ihre Verbündeten letztendlich durchsetzten und der Luftkrieg der NATO gegen die Bundesrepublik Jugoslawien am 24. März 1999 *ohne* ein UN-Mandat begann. Immerhin hatten der Widerstand und das Unbehagen der europäischen NATO-Mitgliedstaaten zur Folge, dass sich die USA und die NATO während des gesamten Konflikts auch mit Russland abstimmen mussten. Darauf legte insbesondere Deutschland großen Wert. Trotz seiner seit Jahrzehnten ausgeprägten transatlantischen Orientierung hatte Deutschland als europäische Mittelmacht ein existenzielles Interesse an einem guten politischen Verhältnis zu Russland, das über die Jahre sogar zu einem strategischen Imperativ deutscher Außen- und Sicherheitspolitik werden sollte. Also war Deutschland daran gelegen, dass die Partner in Washington nicht einfach über die russischen Interessen hinweggehen konnten. Schließlich hätten Russlands westliche Nachbarn die unmittelbaren Konsequenzen diplomatischer Verstimmungen oder Konflikte zwischen Russland und den USA ausbaden müssen.

↗ Am 27. Oktober 1998 entschied der NATO-Rat, vorerst nicht militärisch in den Kosovokonflikt einzugreifen. Die Androhung von Luftangriffen blieb jedoch bestehen. V. l. n. r.: Nato-Generalsekretär Solana (sitzend), General Klaus Naumann und Anthony Cragg vom Planungs- und Organisationsbüro

3 Militärische Planungen und Kriegsbild

Die operativen Planungen der NATO

Trotz der deutschen Bemühungen, innerhalb der Kontaktgruppe für Ausgleich zu sorgen und Russland in den politischen Prozess einzubinden, hatte sich der Konflikt Anfang Juli 1998 im Wesentlichen von der Kontaktgruppe in die NATO verlagert. Das lag vor allem am russischen und US-amerikanischen Desinteresse an UN-mandatierten militärischen Maßnahmen. Nachdem dann der Internationale Militärstab der NATO aus Glaubwürdigkeitsgründen von den präventiven Stationierungen abgeraten und SHAPE in der Folge Anfang Juli 1998 mit der Planung breit gefächerter offensiver Optionen begonnen hatte, wurde die NATO auch zum wichtigsten politischen Forum des internationalen Konfliktlösungsprozesses.

Am 1. Juli 1998 legte der Internationale Militärstab eine Bandbreite verschiedener Entwürfe zum einen für die Durchsetzung eines Waffenstillstandsabkommens (Option A) und zum anderen für einen gewaltsamen Einmarsch von Land-, Luft- und Seestreitkräften der NATO zur Beendigung der Feindseligkeiten (Option B) vor. Nachdem sich Show-of-Force-Einsätze (also Überflüge von Kampfflugzeugen als Machtdemonstration in geringen Höhen) der NATO-Luftstreitkräfte entlang der Grenzen des Kosovo als wenig wirksam erwiesen hatten und der Einsatz von Landstreitkräften schnell verworfen wurde, zeigte sich, dass sich die phasenweisen Luftschläge der Operation Allied Force am ehesten zur Unterstützung des politischen Prozesses eigneten. Durch das phasenweise Vorgehen sollten immer mehr und immer sensiblere Ziele bekämpft werden. Das ermöglichte eine schrittweise und auf den politischen Prozess abgestimmte militärische Eskalation. Gleichwohl hofften die NATO-Politiker, dass Milošević spätestens beim Beginn einer Luftoperation die Glaubwürdigkeit der militärischen Drohungen erkennen und einlenken würde. Außerdem versprach der Einsatz der hochtechnisierten Luftstreitkräfte und Präzisionswaffen, die Zahl sowohl eigener Verluste als auch ziviler Opfer zu minimieren. Ein Umstand, der mit Blick auf die innenpolitische Debatte für alle NATO-Mitgliedstaaten eine wichtige Rolle spielte.

Entscheidungsfindung innerhalb von NATO-Gremien

Die sogenannte *Silent Procedure* ist ein Entscheidungsverfahren der NATO. Es entspricht den Konsensregeln im Bündnis, die nicht mit Einstimmigkeit zu verwechseln sind. Beim Silent Procedure wird der Entwurf des Dokuments mit einer bestimmten Fristsetzung in Umlauf gegeben, sodass alle beteiligten Regierungen die Möglichkeit haben, Änderungen einzubringen. Gibt es keine Anmerkungen bis zum Ablauf der Frist, wird dies in den NATO-Gremien als Zustimmung gewertet. Wenn mindestens ein Land Änderungsvorschläge einbringt und damit das Schweigen bricht, gilt das Dokument als nicht angenommen. Weitere Verhandlungen werden notwendig. Die deutsche Bundesregierung nutzte dieses Verfahren während des Kosovokonflikts unter anderem, um auf klar definierte Einsatzregeln (engl. Rules of Engagement, kurz RoE) hinzuwirken. Deutschland versuchte dadurch, ein größtmögliches Maß politischer Kontrolle während eines potenziellen Einsatzes zu behalten.

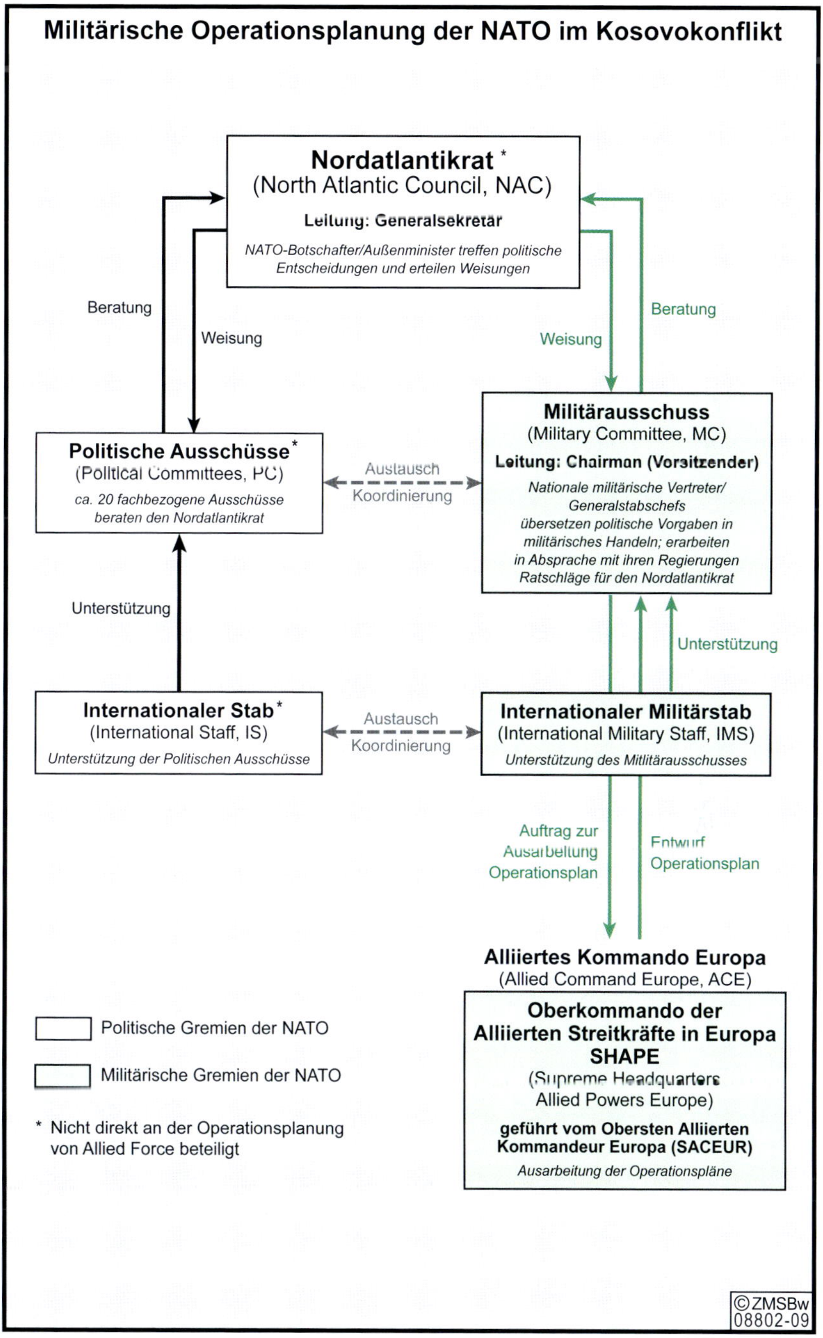
Militärische Operationsplanung der NATO im Kosovokonflikt
Nordatlantikrat *
(North Atlantic Council, NAC)
Leitung: Generalsekretär
NATO-Botschafter/Außenminister treffen politische Entscheidungen und erteilen Weisungen
Beratung
Weisung
Weisung
Beratung
Militärausschuss
(Military Committee, MC)
Leitung: Chairman (Vorsitzender)
Nationale militärische Vertreter/ Generalstabschefs übersetzen politische Vorgaben in militärisches Handeln; erarbeiten in Absprache mit ihren Regierungen Ratschläge für den Nordatlantikrat
Politische Ausschüsse*
(Political Committees, PC)
ca. 20 fachbezogene Ausschüsse beraten den Nordatlantikrat
Austausch
Koordinierung
Unterstützung
Unterstützung
Internationaler Stab*
(International Staff, IS)
Unterstützung der Politischen Ausschüsse
Austausch
Koordinierung
Internationaler Militärstab
(International Military Staff, IMS)
Unterstützung des Mitlitärausschusses
Auftrag zur Ausarbeitung Operationsplan
Entwurf Operationsplan
Alliiertes Kommando Europa
(Allied Command Europe, ACE)
Oberkommando der Alliierten Streitkräfte in Europa SHAPE
(Supreme Headquarters Allied Powers Europe)
geführt vom Obersten Alliierten Kommandeur Europa (SACEUR)
Ausarbeitung der Operationspläne
Politische Gremien der NATO
Militärische Gremien der NATO
* Nicht direkt an der Operationsplanung von Allied Force beteiligt
©ZMSBw 08802-09

Überhaupt taten sich die meisten NATO-Mitgliedstaaten schwer damit, Opfer aus den eigenen Reihen in Kauf zu nehmen, ebenso wie sie sogenannte Kollateralschäden mit zivilen einheimischen Opfern vermeiden wollten. Bezeichnenderweise wurde in Deutschland der Begriff »Kollateralschaden« zum Unwort des Jahres 1999 gekürt. Auch das ließ sie vor dem Einsatz von Bodentruppen zurückschrecken, da deren Einsatz weniger kalkulierbar war als jener von Luftstreitkräften. Durch ferngelenkte Abstandswaffen wie die HARM-Raketen konnten die Risiken zwar minimiert werden. Doch einzig die USA besaßen solche Waffen in ausreichender Menge. Für sie allerdings kam ein militärischer Alleingang nicht in Frage. Daher boten die Verbündeten ihre Beteiligung entsprechend ihrer Fähigkeiten an.

Angesichts einer kaum kalkulierbaren Eskalationsdynamik beim Einsatz von Landstreitkräften mag es dann auch nicht überraschen, dass die NATO-Botschafter wenig Interesse am Szenario einer gewaltsamen Einnahme Serbiens durch 200 000 NATO-Soldaten im Rahmen der Option B hatten. Auch die Option B minus, die die Invasion von mindestens 75 000 Soldaten in das Kosovo vorsah, lehnten sie ab. Folglich sollte SHAPE vor allem die Szenarien der Luftoperationen und den Einsatz von Landstreitkräften gemäß Option A verfeinern, da Luftschläge nur in Verbindung mit einem anschließenden Waffenstillstandsabkommen auf der Basis einer Friedensvereinbarung und dessen Absicherung durch Bodenkräfte Erfolg versprachen.

Der schließlich gebilligte Operationsplan Allied Force umfasste insgesamt fünf Phasen:

- Phase 0 sah die Verlegung von NATO-Luftstreitkräften und die Durchführung von Übungen außerhalb des Luftraumes der Bundesrepublik Jugoslawien sowie die Erklärung und Überwachung einer Flugverbotszone über dem Kosovo vor.
- Mit Phase I sollte durch die Erklärung und Durchsetzung einer erweiterten Flugverbotszone über dem Kosovo die Luftüberlegenheit über die Bundesrepublik Jugoslawien und die Luftherrschaft über das Kosovo erlangt werden. Dazu sollten sowohl die Luftverteidigung der Bundesrepublik Jugoslawien als auch schwere Waffensysteme im Kosovo angegriffen werden.
- In Phase II erfolgten unter Fortsetzung dieser Maßnahmen Luftan-

griffe auf hochwertige Ziele des jugoslawischen Militärs und der Sonderpolizei im Kosovo, beispielsweise auf Fernmeldeeinrichtungen, Operations- und Nachschubbasen sowie Verstärkungskräfte.

- Phase III sah unter Fortsetzung der bisherigen Maßnahmen die geografische Ausweitung der Luftangriffe auf das Gebiet der gesamten Bundesrepublik Jugoslawien vor.
- Phase IV schließlich umfasste die Rückverlegung aller NATO-Kräfte.

Die dafür eingeplanten 314 Luftfahrzeuge entsprachen der Größenordnung der Operation Deliberate Force, mit der Milošević im Spätsommer 1995 im Bosnienkrieg erfolgreich zum Einlenken gezwungen worden war und die offenbar als Vorlage für die Operationsplanungen diente. Doch diesmal sollte die Rechnung nicht aufgehen: Am Ende wurden über 900 Maschinen in diesem Einsatz benötigt.

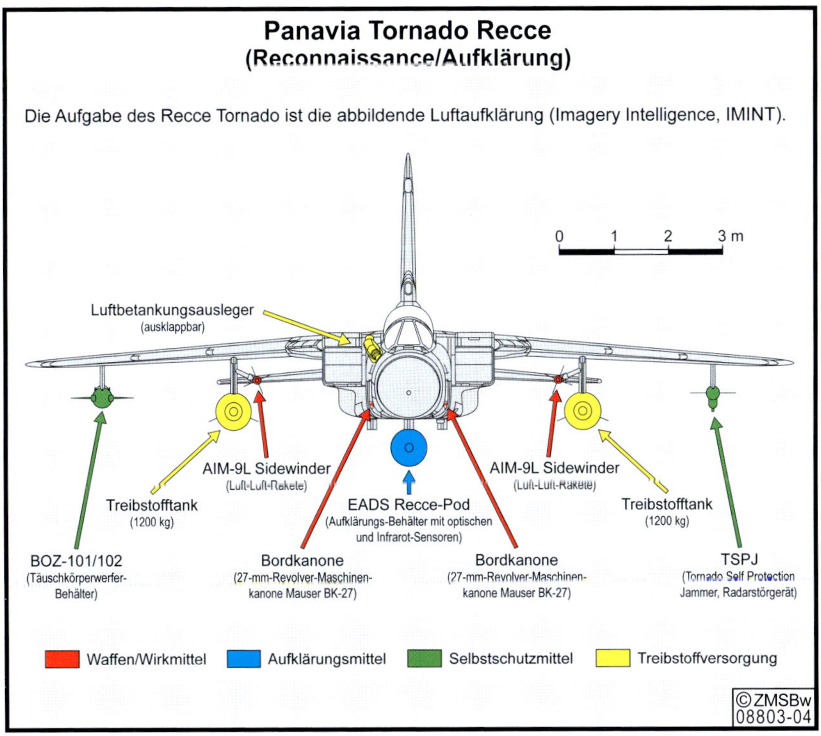

Panavia Tornado ECR
(Electronic Combat Reconnaissance/Elektronische Kampfaufklärung)

Der Tornado ECR hat die Aufgabe, feindliche Radarstellungen zu erkennen, zu identifizieren und zu bekämpfen, bevor die gegnerische Luftverteidigung eigene Kräfte gefährdet.

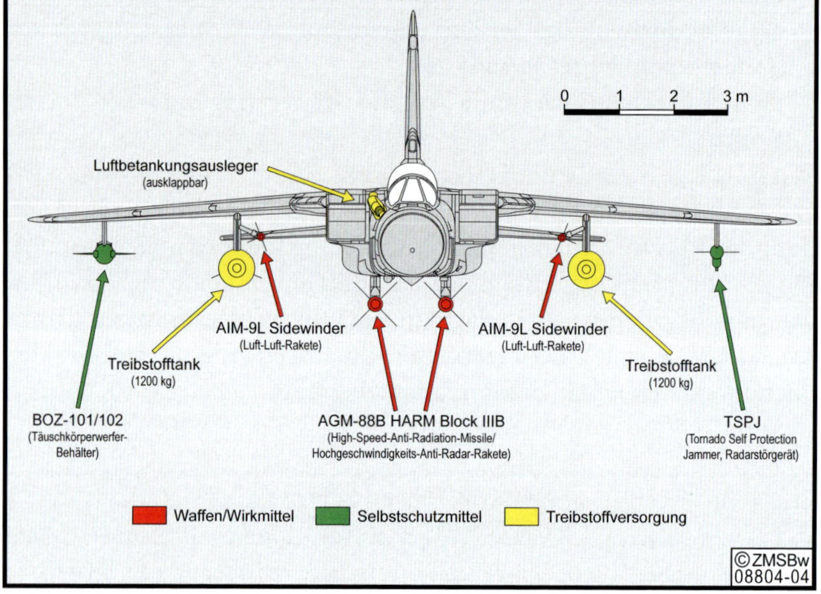

Deutschland bot acht mit HARM-Raketen ausgerüstete ECR-Tornados, die ihre ferngelenkten Waffen aus mittleren Flughöhen (28 000 Fuß = ca. 7000 Meter) abfeuern konnten und die NATO-Flugzeuge vor den jugoslawischen Raketenabwehrstellungen schützen sollten, sowie sechs RECCE-Tornados zur Luftbildaufklärung an. Bei diesem gemischten Verband handelte es sich um das bereits seit 1995 in Norditalien stationierte Einsatzgeschwader 1 der Luftwaffe. Dadurch konnte die Bundesregierung den Verpflichtungen im Bündnis nachkommen, zumal sie zuvor die Planung von Luftoperationen mit Nachdruck vorangetrieben hatte. Mit Blick auf die innenpolitische Debatte wurde das Risiko eigener Verluste so gering wie möglich gehalten, während die Präzisionswaffen der ECR-Tornados für den Kampf gegen feindliche Flugabwehrstellungen dazu dienen sollten, Kollateralschäden möglichst zu vermeiden. Damit genügte die Entsendung der Bundeswehrtornados in verschiedener Hinsicht den deutschen politischen Vorgaben. Die

Hauptlast der Luftschläge trug die US Air Force mit 61 Prozent der Kampfeinsätze. Mit 8 Prozent leistete Frankreich den größten europäischen Beitrag, gefolgt von Großbritannien, das 5 Prozent der geflogenen Kampfeinsätze übernahm. Deutschland beteiligte sich an ca. 3 Prozent, was in etwa dem Beitrag von Belgien und Kanada entsprach.

Nach einem langen Diskussions- und Planungsprozess einigte sich die NATO am 8. September 1998 auf die vorläufigen Einsatzpläne der Luft- und Landoperationen. Alle Beteiligten empfanden die Aushandlungsprozesse als zu langwierig, zu umständlich und als Belastung für das Bündnis. Es erwies sich als schwierig bis kaum möglich, den Wünschen aller Partner zu entsprechen. Vordergründig lag die Ursache in den unterschiedlichen außenpolitischen Interessen. Allerdings waren alle NATO-Partner darauf angewiesen, dass ihre Bevölkerung die Luftschläge akzeptierte. Zudem spielten Fragen wie die nach der Neuausrichtung der NATO im Hintergrund eine Rolle.

Aufgrund der konsensualen NATO-Strukturen entwickelte der Planungsprozess eine Komplexität, die eine rasche politische und damit auch militärische Reaktion auf eine Änderung der Situation kaum zuließ. Die ausdifferenzierten militärischen Optionen sollten die gesamte Bandbreite möglicher politischer Vorgaben abdecken, um auf diese Weise den politischen Handlungsspielraum offenzuhalten. Die NATO wollte nicht mit aller Gewalt militärisch eingreifen. Vielmehr spricht der schwierige Planungsprozess dafür, dass alle politischen Mittel ausgeschöpft werden sollten, bevor militärische zur Anwendung gelangten. Dass diese politischen Mittel nur in Verbindung mit der glaubhaften Androhung militärischer Maßnahmen Erfolg versprachen, hatten einerseits die Erfahrungen aus dem Bosnienkonflikt gelehrt. Andererseits entsprach die Androhung militärischer Gewalt als wichtiges politisches Instrument nicht nur den Washingtoner Vorstellungen, sondern war bereits frühzeitig von der Bundesregierung und seit Juni 1998 auch von der britischen Regierung gefordert worden. Ziel dieser Politik war es, den Kosovokonflikt und das dadurch verursachte menschliche Leid zu beenden. Die damit verbundene Maxime, einmal angedrohte Maßnahmen umsetzen zu müssen, barg aber auch die Gefahr, den eigenen politischen Handlungsspielraum einzuengen und sich im Endeffekt aus Gründen der Glaubwürdigkeit zu einem Waffengang gezwungen zu sehen.

Kurz nachdem die weitgefächerten militärischen Einsatzszenarien Mitte September 1998 im Wesentlichen ausgearbeitet waren, hatte sich die Sicherheitslage im Kosovo erneut massiv verschlechtert. Der UN-Sicherheitsrat verabschiedete daher am 23. September 1998 die Resolution 1199. Nun stellte die NATO Milošević vor die Wahl: Entweder kooperierte er und setzte die UN-Forderungen zur Beendigung der Gewalt im Kosovo um, oder es begannen die NATO-Luftschläge gegen die Bundesrepublik Jugoslawien.

Nach der Bekanntgabe der darauffolgenden Einsatzwarnung (engl. *Activation Warning*; kurz: ACTWARN) am 24. September 1998 wurden auf den italienischen Luftwaffenstützpunkten, aber auch in anderen NATO-Mitgliedstaaten wie Deutschland und Großbritannien sowie im Mittelmeerraum auf den Flugzeugträgern, die Luftstreitkräfte der NATO zusammengezogen. Angesichts dieser Drohung und der offenkundigen Zustimmung aller NATO-Mitgliedstaaten zu den Luftschlägen bis zum 12. Oktober 1998 lenkte Milošević am 13. Oktober 1998 schließlich ein. Aus Gründen der Glaubwürdigkeit und um bei Nichteinhaltung der mit Belgrad getroffenen Vereinbarungen reagieren zu

Unmittelbar nachdem die deutsche Bundesregierung einer militärischen Beteiligung an der Operation Allied Force zugestimmt hat, reist der US-amerikanische Sondervermittler Richard Holbrooke am 12. Oktober 1998 nach Belgrad.

können, stimmte der NATO-Rat dennoch für den Einsatzbefehl der Operation Allied Force.

Der Aspekt der Glaubwürdigkeit spielte für die Militärs und Sicherheitspolitiker von Beginn an eine entscheidende Rolle. In dem Moment, in dem der NATO-Rat entschieden hatte, militärische Mittel in den politischen Prozess miteinzubeziehen, mussten ihre Mitgliedstaaten auch tatsächlich bereit sein, diese einzusetzen. Dazu bedurfte es vor allem einer geschlossenen Drohkulisse, aber die Entscheidung für die Androhung und den Einsatz militärischer Gewalt musste auch von allen NATO-Mitgliedstaaten politisch mitgetragen werden. Das schloss die Entsendung eigener Soldaten mit ein; die Zustimmung im NATO-Rat allein genügte nicht. Angesichts dessen sah sich insbesondere Deutschland erst unmittelbar, bevor der Bundesrepublik Jugoslawien das Ultimatum gestellt werden sollte, in der Lage, dem Einsatzbefehl zuzustimmen. Entsprechend groß war der bündnispolitische Druck auf die Bundesregierung.

Am 8. Oktober 1998 beschloss der NATO-Rat die umgehende Abstimmung über den Einsatzbefehl (engl. *Activation Order*; kurz: ACTORD) zur Auslösung der Luftschläge. Zuvor hatten Großbritannien und zuletzt Frankreich grünes Licht gegeben. Russland signalisierte auf informellen Wegen, es bei scharfen Protesten belassen zu wollen. Zwar zögerte auch Italien noch mit seiner Zustimmung, doch warteten die Mächtigen in der NATO, in Moskau und besonders Belgrad nun auf Deutschlands Reaktion. Wie würde es sich entscheiden? Bisher hatte die Beteiligung an Kampfeinsätzen ein Tabu in der deutschen Debatte über Auslandseinsätze der Bundeswehr dargestellt. Obendrein lag kein UN-Mandat vor.

Hinzu kam, dass ein politischer Machtwechsel bevorstand: Noch amtierte die Regierung unter Bundeskanzler Kohl. Doch in der Bundestagswahl vom 27. September 1998 hatte sich eine Koalition aus SPD und Grünen durchgesetzt. Folglich wurde in der deutschen politischen Debatte nicht nur über eine Beteiligung an den NATO-Luftoperationen gestritten, sondern auch darüber, ob nun der alte oder der neu gewählte Bundestag über einen Einsatz zu entscheiden hatte. In dieser Situation lud US-Präsident Bill Clinton den designierten Bundeskanzler Gerhard Schröder sowie den künftigen Außenminister Joschka Fischer nach Washington ein. Die beiden trafen dort am 9. Oktober 1998 ein.

Schröder (l.) und Clinton (r.) am 9. Oktober 1998 während ihrer Unterredung im Weißen Haus in Washington. Der künftige Bundeskanzler und sein designierter Außenminister Fischer unterstützten das Vorgehen der USA im Kosovokonflikt. Für die USA war diese Unterstützung zwingend mit einem militärischen Beitrag Deutschlands verbunden.

Sehr zur Erleichterung der deutschen Delegation zeigte Clinton vollstes Verständnis für den deutschen Wunsch, die Entscheidung über die Beteiligung der Bundeswehr an der Operation Allied Force bis zur Konsolidierung der neuen rot-grünen Bundesregierung zu verschieben. Doch der US-amerikanische Sondervermittler Richard Holbrooke sah das anders. Er warnte seinen Präsidenten davor, dass Milošević auf Deutschlands Nicht-Beteiligung setzte. Das deutsche Verhalten hätte außerdem Auswirkungen auf die europäischen NATO-Mitglieder. Auch Außenministerin Albright und NATO-Generalsekretär Javier Solana machten deutlich, dass eine glaubwürdige Drohkulisse von vornherein einer militärischen Beteiligung Deutschlands an den Luftschlägen bedurfte. Es bestand somit die Gefahr, dass eine unzureichende politische Unterstützung der Bundesregierung die Zusammenarbeit im Bündnis dauerhaft negativ beeinträchtigen würde.

Da damals wie heute die Sicherheit Deutschlands maßgeblich von der Nordatlantischen Allianz abhängt, wäre der politische Schaden auch für Berlin erheblich gewesen, zumal Deutschland eine treibende Kraft bei den Planungen einer militärischen Intervention gewesen war. Sein Ruf als verlässlicher Bündnispartner stand auf dem Spiel und dies konnte Konsequenzen für das deutsche Gewicht im Bündnis haben. So zumindest lautete die Einschätzung des Auswärtigen Amts; Schröder und Fischer sahen dies im Grunde genauso. Das Bundeskabinett war nun zu einer Entscheidung gezwungen. Während die Zustimmung der Bundesregierung zum NATO-Einsatzbefehl keiner Parlamentsbeteiligung bedurfte, verlangte die Teilnahme deutscher Soldaten an den Luftoperationen eine konstitutive Zustimmung.

Am Montag, dem 12. Oktober 1998, trafen sich Bundeskanzler Helmut Kohl, Verteidigungsminister Volker Rühe, Außenminister Klaus Kinkel sowie die Fraktionsvorsitzenden der CDU/CSU und der FDP mit Gerhard Schröder, Joschka Fischer, Oskar Lafontaine (SPD) und Günter Verheugen (SPD) im kleinen Kabinettssaal des Bonner Kanzleramtes. Nach einem kurzen Gespräch stimmte die alte Bundesregierung in enger Abstimmung mit der künftigen Regierung dem NATO-Einsatzbefehl und damit der Teilnahme deutscher Streitkräfte zu. Angesichts der politischen Lage war die Entscheidung, wie Fischer es ausdrückte, »alternativlos«.

Nachdem die Bundesregierung der NATO das Ergebnis mitgeteilt hatte, reiste Holbrooke nach Belgrad und konnte noch in der Nacht die Zustimmung Miloševićs zu den in der UN-Resolution 1199 formulierten Forderungen verkünden. Der ›alte‹ Bundestag stimmte der Entsendung der Bundeswehr am 16. Oktober 1998 mit einer überwältigenden Mehrheit zu. Damit war die letzte Hürde für den Einsatz der Bundeswehr genommen.

Dieses Erbe der schwarz-gelben Bundesregierung wurde jedoch zu einer immensen Belastungsprobe für die neue rot-grüne Regierungskoalition und sollte mit dem Beginn der Luftschläge im Frühjahr 1999 fast zu ihrem Zerbrechen führen. Beide Parteien hatten in der Opposition die Entsendepraxis der Kohl-Regierung noch scharf kritisiert. In ihrem Koalitionsvertrag hieß es: »Deutsche Außenpolitik ist Friedenspolitik.« Nun sahen sie sich gezwungen, deutsche Soldaten erstmals seit 1945 in einen Kampfeinsatz zu schicken. Allerdings schien es zunächst, als ob zu diesem Zeitpunkt gar kein NATO-Einsatz mehr nötig sei. Bis Ende Oktober 1998 stimmte Belgrad einer OSZE-Beobachtermission

Außenminister Klaus Kinkel bei einer Rede im Deutschen Bundestag am 16. Oktober 1998 in Bonn. Stimmte das Parlament zu, stand einer Beteiligung der Bundeswehr an einem Militäreinsatz der NATO nichts mehr im Wege.

sowie einer Luftüberwachungsoperation durch die NATO zu. Die Sicherheitslage im Kosovo hatte sich einstweilen beruhigt. Alles deutete darauf hin, dass die glaubhafte Androhung von NATO-Luftschlägen den Weg für einen Friedensprozess zur erfolgreichen Bewältigung des Kosovokonflikts geebnet hatte.

Bereits unmittelbar nachdem mit Belgrad die Modalitäten des Abzugs serbischer Kräfte aus dem Kosovo Ende Oktober 1998 geregelt waren, begann die sogenannte NATO-Luftverifikationsoperation Eagle Eye, die die getroffenen Vereinbarungen überwachte. Die rasche Bereitstellung der Flugzeuge war aufgrund der breit gefächerten NATO-Planungen des vorangegangenen Sommers möglich geworden. Diese berücksichtigten alle möglichen Szenarien zur Unterstützung des politischen Prozesses, die von der phasenweisen Luftkriegsoperation Allied Force über kurzfristig verfügbare Luftschläge bis hin zu Verifikationsflügen reichten. Zeitgleich hatte die internationale Gemeinschaft beschlossen, eine OSZE-Verifikationsmission, die *Kosovo Verification Mission* (KVM), mit 2000 Beobachtern in das Kosovo zu entsenden. Um diese unbewaffneten zivilen Kräfte im Falle eines erneuten Aufflammens der Feindseligkeiten adäquat schützen zu können, begannen Anfang November 1998 die militärischen Planungen der Operation Joint Guarantor, einer Extraction Force zur Evakuierung der Beobachter.

Der Konflikt spitzt sich zu

Im Dezember 1998 verschlechterte sich die Sicherheitslage im Kosovo erneut. Am 10. Januar 1999 wurde ein serbischer Polizist in der Gegend von Račak (alb. Reçak) im Kosovo erschossen, worauf serbische Sicherheitskräfte das Dorf am 15. Januar 1999 abriegelten. Es folgten heftige Kämpfe mit mehreren Toten und zahlreiche Festnahmen durch serbische Sicherheitskräfte. Als die Beobachter der KVM den Ort am späten Nachmittag aufsuchten, fanden sie einen Toten und mehrere Verletzte vor. Am nächsten Tag entdeckten die OSZE-Mitarbeiter elf weitere Leichen in Häusern und 23 zum Teil verstümmelte Tote in einem Graben oberhalb des Dorfes.

Der Handlungsdruck auf die Regierungen wuchs angesichts der intensiven medialen Berichterstattung. Dabei war es zu diesem Zeitpunkt

William Walker, US-amerikanischer Diplomat und Leiter der KVM, kommt persönlich nach Račak, um sich ein Bild von der Lage zu machen. Sein emotionaler Bericht über die Ereignisse löste ein riesiges Medienecho aus.

noch unklar, was in Račak eigentlich genau geschehen war. Obwohl es in den vorangegangenen Monaten Vorfälle mit mehr Todesopfern gegeben hatte, steht das »Massaker von Račak« bis heute sinnbildlich für die von der serbischen Regierung an den Kosovo-Albanern begangenen Verbrechen gegen die Menschlichkeit. Mit Račak war der Versuch de facto gescheitert, dem Kosovokonflikt durch die KVM Einhalt zu gebieten.

Die Evakuierungsmission musste um weitere militärische Phasen ergänzt werden, um auf eine weitere Eskalation und Verschlechterung der Sicherheitslage reagieren zu können. Auf diese Weise konnten die OSZE-Beobachter bei Bedarf auch mit massiver Unterstützung von Infanterie und sogar Kampfpanzern aus dem Kosovo geholt werden.

Der letzte Versuch einer politischen Lösung des Kosovokonflikts begann am 6. Februar 1999 auf dem französischen Schloss Rambouillet in der Nähe von Paris. Den gemeinsamen Vorsitz der Gespräche hatten Frankreich und Großbritannien. Die weiteren Konferenzteilnehmer setzten sich aus den anderen Kontaktgruppenstaaten, also den USA, Russland, Deutschland, Italien, der EU (vertreten durch den österreichischen Sondervermittler Wolfgang Petritsch) und den beiden Konfliktparteien zusammen. Tatsächlich dominierten jedoch vor allem die USA in enger Abstimmung mit Frankreich und Großbritannien die Verhandlungen. Das drückte sich auch darin aus, dass für die Vertreter Deutschlands, Italiens und der EU in den freilich begrenzten Räumlichkeiten des Schlosses keine Unterkünfte zur Verfügung standen. Besonders hervorzuheben ist die dominierende Rolle des US-Sonderbeauftragten Christopher Hill, Holbrookes bewährtem Verhandlungsführer. Interessant ist dabei, dass Holbrooke seine Verhandlungen im Auftrag der US-Regierung und nicht der Kontaktgruppenstaaten oder der NATO führte.

Am Ende der Konferenz – so der Plan – sollte ein Vertrag stehen, den eine 28 000 Soldaten umfassende Kosovo Force durchsetzen sollte. Als nach Verhandlungsbeginn deutlich geworden war, dass wenigstens ein Teil dieser Truppen in Stärke und Ausrüstung einer Kampftruppenbrigade bereits unmittelbar nach Abschluss der Gespräche zur Verfügung stehen musste, wurden Teile der Extraction Force als KFOR-Kräfte vorgesehen. An den Heimatstandorten bildeten die truppenstellenden NATO-Mitgliedstaaten weiterhin Soldaten für den Aufwuchs beider Kontingente aus.

Auch im Falle der KFOR konnten die militärischen Planer auf ihre ursprünglichen Operationspläne als Grundlage zurückgreifen. Dabei handelte es sich um Varianten der Option B minus, die nun zur Absicherung einer Waffenstillstandsvereinbarung herangezogen wurde. Die Truppen in der Stärke von 60 000 Mann firmierten Anfang September 1998 noch unter der Bezeichnung KA-FOR (Kosovo-Albanian Force).

Nachdem die Konferenz am 23. Februar 1999 vorläufig und nach einer letzten Verhandlungsrunde vom 15. bis zum 19. März 1999 in Paris end-

Außenminister Fischer (l.) empfängt Christopher Hill (r.), Sonderbeauftragter der USA für das Kosovo, und Botschafter Petritsch (m.), Sonderbeauftragter der EU für das Kosovo, zur Vorbereitung der Friedensgespräche auf Schloss Rambouillet. Zum Ärger Fischers dominierten die USA die Gespräche.

gültig gescheitert war, wurde in der internationalen Öffentlichkeit immer wieder der Vorwurf laut, die USA bzw. die NATO hätten der serbischen Seite unannehmbare Forderungen gestellt, um damit die Luftschläge der Allianz absichtlich herbeizuführen. Es gibt jedoch keinerlei Indizien dafür, dass auch nur ein einziger Teilnehmer die Gespräche von vornherein absichtlich scheitern lassen wollte. Dass sie letztendlich erfolglos blieben, hatte mehrere Gründe: Vor allem war es das tiefsitzende Misstrauen der beiden Konfliktparteien und die mangelnde Konsensbereitschaft, ja die Unfähigkeit, sich auch nur kleine Zugeständnisse abzuringen.

Die amerikanische Dominanz in den Verhandlungen trug zur Verhärtung der serbischen Position bei. Dass die bis dahin engagiert arbeitende serbische Delegation erst acht Tage nach Konferenzbeginn den Vertragsentwurf zur militärischen Umsetzung ausgehändigt bekam, verschärfte den Vertrauensverlust noch weiter. Spätestens als Hill bei

Auf einer Pressekonferenz am 23. Februar verkünden die Außenminister Frankreichs, der USA und Großbritanniens, (v. l. n. r.) Hubert Vedrine, Madeleine Albright und Robin Cook, das Scheitern der Gespräche von Rambouillet. Ein Militärschlag wurde immer wahrscheinlicher, als auch die nächste Verhandlungsrunde im März ergebnislos blieb.

seinem Besuch in Belgrad am 16. Februar 1999 Milošević klarmachte, dass es sich zumindest bei der Präsenz der 28 000 Mann starken und robusten KFOR um eine nicht zur Disposition stehende Vertragsbedingung handelte, hatten die Belgrader Diplomaten sämtlichen Handlungsspielraum verloren. Für den serbischen Machthaber war die Zustimmung zu einer robusten, mit Kampfpanzern, Schützenpanzern und Kampftruppen zusammengesetzten KFOR, die sich nicht nur im Kosovo, sondern in ganz Serbien frei bewegen konnte, undenkbar. Allein diese Vorstellung verletzte die nationalen Gefühle vieler Serben, die zudem das Kosovo als die Wiege ihres Landes ansahen.

Hatte die Konferenz von Rambouillet vor diesem Hintergrund überhaupt einen Sinn und eine Aussicht auf Erfolg? Vieles spricht dafür, dass ein späterer Konferenzbeginn mit einem im Vorfeld unter den Kontaktgruppenstaaten einschließlich Russland abgestimmten Entwurf der militärischen Implementierung wenigstens ein vertrauenswürdigeres Klima geschaffen hätte. Gleichzeitig hätte ein solches Vorgehen ermöglicht, Russland als Vermittler zwischen den NATO-Staaten und der serbischen Delegation einzubinden. Das Auswärtige Amt hatte im Vorfeld genau eine solche Konstellation als Grundlage für einen erfolgreichen Konferenzausgang gesehen. Dass die US-Amerikaner ihre Rolle so stark ausspielten, war vor allem der Tatsache geschuldet, dass allein sie über das notwendige Militärpotenzial zur glaubwürdigen Androhung militärischer Gewalt gegenüber der Bundesrepublik Jugoslawien verfügten. Hinzu kam die Uneinigkeit der Europäer und der Umstand, dass sowohl die USA als auch die frühere Supermacht Russland die Schaffung eines Präzedenzfalls durch die Erteilung eines UN-Mandats unbedingt verhindern wollten. Ob ein Krieg unter anderen Umständen hätte verhindert werden können, bleibt unklar. Fest steht, dass dies die Gründe waren, warum es letztendlich ab dem 24. März 1999 zum Luftkrieg der NATO gegen die Bundesrepublik Jugoslawien kam.

Bereits während sich in Rambouillet ein Scheitern abzeichnete, arbeitete die NATO mit Hochdruck auf den weiteren Aufwuchs und die Herstellung der vollen Einsatzbereitschaft sowohl der KFOR als auch der Extraction Force hin. Angesichts der eskalierenden Gewalt im Kosovo konnte die Evakuierung der OSZE-Beobachter jederzeit erforderlich werden. Gleichzeitig bestand die Hoffnung, dass die als Fortsetzung von Rambouillet ab dem 15. März 1999 in Paris angesetzten Gespräche doch noch von Erfolg gekrönt sein würden. In diesem Fall hätte es ebenfalls einer einsatzbereiten KFOR bedurft. Allerdings ließen die Gespräche in Rambouillet sowie die Reaktion der serbischen Delegation das Szenario eines Luftkriegs immer wahrscheinlicher werden, sodass die NATO nach dem 23. Februar 1999 an den Vorbereitungen der Operation Allied Force arbeitete.

Letztendlich versuchte die NATO, allen bisher noch offenen politischen Entwicklungen durch entsprechende militärische Szenarien gerecht zu werden. Gleichzeitig übte der Wunsch nach militärischer Glaubwürdigkeit in Verbindung mit den komplexen Abstimmungsverfahren des Bündnisses einen erheblichen Handlungsdruck aus. Die

Luftstreitmacht, die in Mazedonien befindlichen Landstreitkräfte der Extraction Force sowie der beginnende Aufwuchs der KFOR zwangen dazu, eine politische Entscheidung herbeizuführen, denn eine einsatzbereite Luftflotte ließ sich auf absehbare Zeit weder finanziell noch logistisch erhalten. Der politische Druck, den die NATO auf Belgrad ausüben musste, war folglich hoch. Der serbischen Delegation blieb also in Rambouillet und in Paris lediglich die Wahl zwischen der Annahme der Bedingungen der internationalen Gemeinschaft oder dem Beginn der NATO-Luftschläge gegen die Bundesrepublik Jugoslawien. Doch nun folgte das internationale Vorgehen zunehmend einer militärischen Handlungslogik.

Seit dem Jahresbeginn 1999 hatte sich die Bundesrepublik Jugoslawien auf diese Entwicklung eingestellt. Sie verlegte das mechanisierte Priština-Korps mit 12 000 Soldaten und 400 gepanzerten Fahrzeugen in das Kosovo, das durch die mit Infanteriewaffen und panzerbrechenden Waffen ausgestatteten Sonderpolizeieinheiten des serbischen Innenministeriums unterstützt wurde. Darüber hinaus bereitete Belgrad Verstärkungen aus den Nachbarregionen in einer Größenordnung

Angesichts der gescheiterten Friedensverhandlungen bereitete sich auch Jugoslawien auf eine militärische Auseinandersetzung vor. Das Bild zeigt zwei jugoslawische MIG-29 während einer Flugshow 1999.

Zeit- und Mengengerüst potenzieller jugoslawischer Truppenverschiebungen in das Kosovo 1999

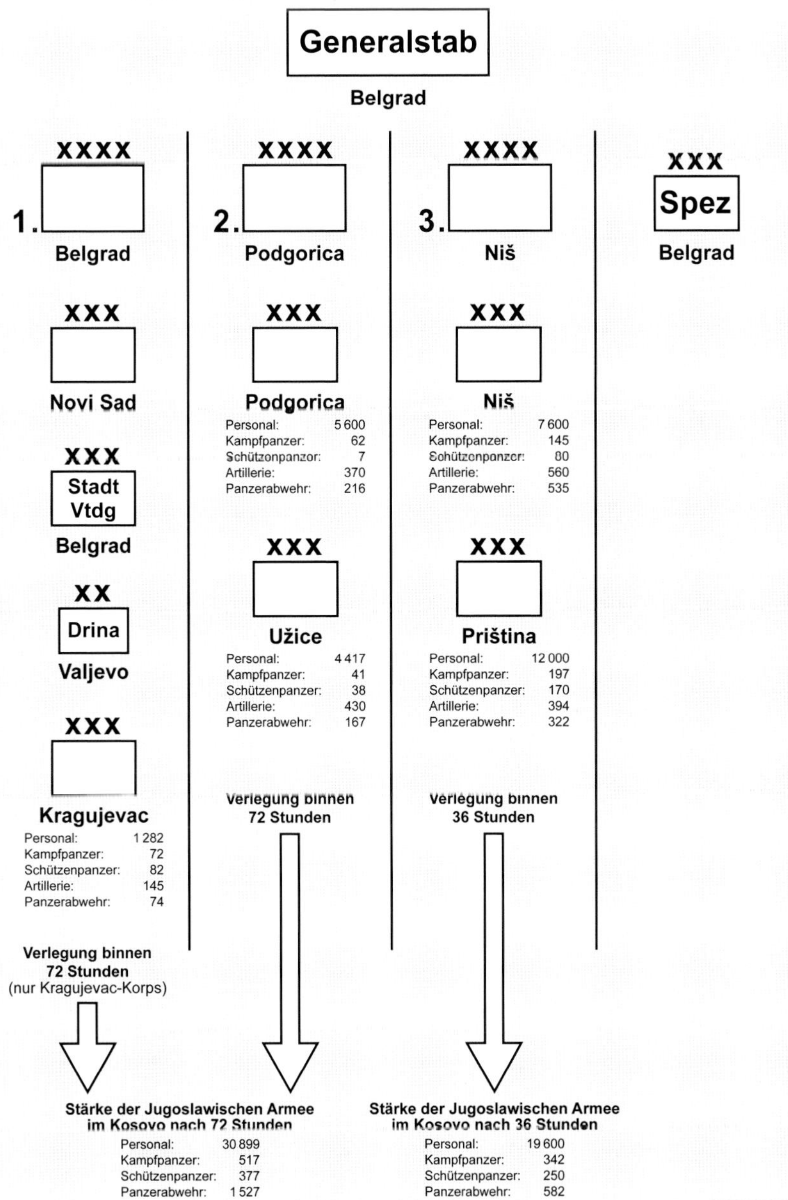

Quelle: BArch, BH 9-21-170

von 18 000 Mann vor. Damit verfügte Milošević über etwas mehr als 40 000 kampfkräftige Soldaten, die im Bedarfsfall binnen 72 Stunden volle Einsatzbereitschaft im Kosovo herstellen konnten. Unter anderem waren sie mit 517 Kampfpanzern vom Typ T-55 und T-72 sowie mit 377 Schützenpanzern vom Typ M-80 ausgerüstet. Diese konnte die jugoslawische Luftwaffe mit schwer bewaffneten Hind-Kampfhubschraubern unterstützen. Zum Schutz vor NATO-Luftangriffen standen darüber hinaus 45 Kampfflugzeuge des Typs MIG-21 und 16 MIG-29 sowie Flugabwehrraketensysteme des Typs SA-2/-3 und SA-6 zur Verfügung.

Die gegnerische UÇK wiederum konnte ihre mehrere hundert Mann starken Verbände in kurzer Zeit auf mehrere Tausend Personen erhöhen. Sie waren ähnlich wie die serbische Sonderpolizei mit Sturmgewehren, Scharfschützengewehren, Mörsern, Panzerfäusten vom Typ RPG-7, Flugabwehrmaschinengewehren und infrarotgelenkten schultergestützten Luftabwehrraketen vom Typ SA-7 GRAIL ausgerüstet.

Angesichts der explosiven Lage und Gewaltbereitschaft Anfang Februar 1999 konnte sich das Kosovo rasch zu einem Kriegsgebiet entwickeln, in dem bis zu 50 000 teilweise schwer bewaffnete Serben und Kosovo-Albaner einander bekämpften. Das Spektrum der Kampfhandlungen konnte dabei von örtlich und zeitlich begrenzten Auseinandersetzungen bis zu einem umfassenden Bürgerkrieg in der gesamten Provinz reichen.

↗ Ein deutscher Pilot bei der Überprüfung seines Tornados am 23. März 1999 auf der italienischen Airbase San Damiano bei Piacenza. Einen Tag später begannen die Luftangriffe der NATO.

4 Hineingerutscht? – Der Krieg beginnt

Ein kurzer Krieg

Eine gemeinsame französisch-britische Erklärung gab am 19. März 1999 das offizielle Scheitern der Friedenskonferenz von Paris bekannt. Als Grund wurde die serbische Blockadehaltung genannt. Der Vorsitzende der OSZE, der norwegische Außenminister Knut Vollebaek, verfügte noch am selben Tag den Abzug der KVM aus dem Kosovo. Wie das folgende Beispiel Großbritanniens illustriert, hatten die Kontaktgruppen- und OSZE-Vertreter die Verhandlungen bereits am 16. März als gescheitert angesehen. London nämlich gab einen Tag später eine Reisewarnung an seine Bürger heraus. Am nächsten Tag erfolgte eine formelle Ausreiseaufforderung. Am 19. März packte das Botschaftspersonal seine Sachen; die wenigen verbliebenen Angehörigen der britischen Botschaft verließen wenig später das Land. Ebenso zogen die OSZE-Beobachter aus dem Kosovo ab. Die diplomatischen Bemühungen um eine friedliche Beilegung des Kosovokonflikts waren fehlgeschlagen.

Auf der NATO-Ratssitzung am 23. März musste über den Beginn einer Luftoperation gegen die Bundesrepublik Jugoslawien entschieden werden. NATO-Generalsekretär Solana berichtete über den Stand der Dinge und bat den Vorsitzenden des NATO-Militärausschusses, den deutschen General Klaus Naumann, zu den militärischen Vorbereitungen Auskunft zu geben. Anschließend fragte Solana Naumann, was denn der Vorsitzende des Militärausschusses empfehle. Naumann, der sich vorher mit den Mitgliedern des Militärausschusses abgestimmt hatte, antwortete, dass die NATO keine Wahl mehr habe: Sie müsse das tun, was angedroht worden sei, nämlich Luftstreitkräfte einsetzen. Solana wandte sich daraufhin an die Runde der Botschafter der NATO-Mitgliedstaaten. Deren betretenes Schweigen musste Solana als Konsens werten, weshalb er dem NATO-Oberbefehlshaber in Europa

NATO-Generalsekretär Solana (r.) mit dem amerikanischen Sondervermittler Richard Holbrooke (l.) auf einer Pressekonferenz in Brüssel am 23. 3. 1999. Angesichts des seit Oktober 1998 gültigen Einsatzbefehls konnte Solana einen Luftangriff ohne Rücksprache anordnen.

(SACEUR) General Wesley Clark den Einsatzbefehl zur Ausführung der seit dem 13. Oktober 1998 unverändert gültigen Activation Order der Operation Allied Force erteilte.

Sowohl in Washington als auch in Europa überwog in Politik und Öffentlichkeit die Haltung, dass mit der Operation Allied Force kein langwieriger Krieg, sondern eine kurze, in Umfang und Dauer begrenzte Operation begonnen hatte. Man vertrat generell die Auffassung, Milošević habe zwar hoch gepokert, werde aber in dem Moment, in dem das Bündnis seinen Zusammenhalt und seine Bereitschaft, Luftangriffe tatsächlich zu fliegen, unter Beweis stellte, nach höchstens zwei oder drei Tagen einlenken. Auch innenpolitisch könne er damit sein Gesicht wahren und Standfestigkeit demonstrieren, glaubte man. Noch am Abend des Beginns der Luftangriffe äußerte sich US-Außenministerin Albright im nationalen Fernsehen zuversichtlich: »Ich sehe das nicht als eine langfristige Operation. Ich denke, dass dies etwas ist […], das innerhalb eines relativ kurzen Zeitraums erreichbar ist.«

Anteil der NATO-Staaten an geflogenen Kampfeinsätzen im Rahmen der Operation Allied Force 1999

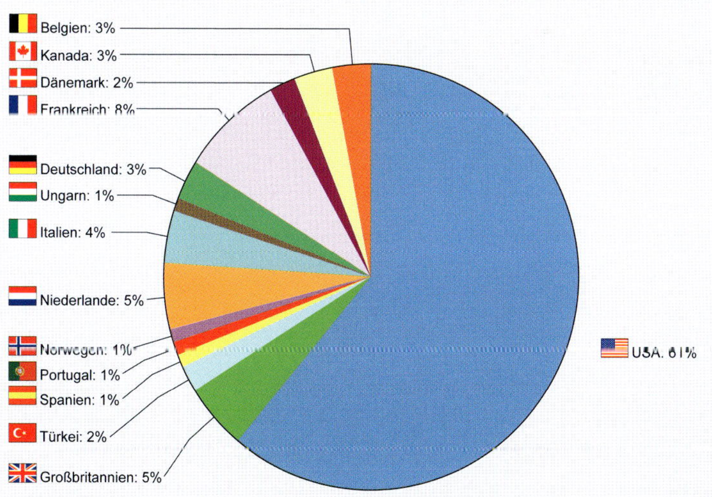

Quelle: BArch, BW 18/6860.

©ZMSBw 08814-05

Am 24. März 1999 bereiteten sich ungefähr 350 Flugzeugbesatzungen aus zunächst 13 NATO-Mitgliedstaaten auf ihre bevorstehenden Einsatzflüge vor. Die meisten Flugzeuge waren auf Flugplätzen in Italien stationiert, einige aber auch in Großbritannien oder in den USA, die mit 220 Flugzeugen die Hauptlast der Operation trugen.

Die Phase 0 der Operation Allied Force war mit der Versammlung der Flugzeugflotte bereits abgeschlossen, allerdings nicht ohne Probleme. Denn angesichts der ursprünglichen Belgrader Kooperationsbereitschaft war die Anzahl der Flugzeuge einige Wochen nach dem NATO-Einsatzbefehl vom 13. Oktober 1998 zunächst wieder reduziert worden. Um die politischen Verhandlungen glaubwürdig mit militärischem Druck zu hinterlegen, waren die Operationspläne erst mit dem Beginn der Konferenz von Rambouillet aktualisiert worden. Nach dem Abbruch der Gespräche wurde die volle Einsatzbereitschaft in aller Eile wiederhergestellt, ohne dass man jedoch das quantitative Vorjahresniveau erreicht hätte. Allein dieser Umstand spricht gegen die Behauptung, Rambouillet sei nur eine Scheinkonferenz gewesen.

Nach Einbruch der Dunkelheit startete die NATO am 24. März 1999 ihre Luftangriffe gegen die Bundesrepublik Jugoslawien. Phase I hatte damit begonnen. 350 Flugzeuge der Allianz erhoben sich in den Nachthimmel, darunter auch deutsche ECR-Tornados. Mit ungefähr 50 Angriffsflügen pro Nacht gegen serbische Flugabwehrstellungen, Radaranlagen und Flugzeuge der jugoslawischen Luftverteidigung sowie Kommunikationseinrichtungen sollte diese Phase der NATO Luftüberlegenheit verschaffen. Unter dem dünnen Wolkenschleier sahen die Piloten Lichtblitze zucken. 160 Cruise-Missile-Marschflugkörper (Tomahawks) mit jeweils einer Tonne Sprengstoff wurden in den ersten Tagen des Luftkriegs von Schiffen der US- und Royal Navy, aber auch aus der Luft, auf serbische Ziele abgefeuert. Um die eigenen Soldaten möglichst wenig zu gefährden, sollte bis zur Ausschaltung der jugoslawischen Luftverteidigung nur nachts und von den italienischen Festlandstützpunkten aus geflogen werden.

Das Szenario wiederholte sich in ähnlicher Form auch an den beiden folgenden Tagen. Milošević jedoch dachte gar nicht daran nachzugeben. Umgeben von Hardlinern, die ihm vermittelten, er könne den Kosovokonflikt mit genügend Sicherheits- und Armeekräften noch in seinem Sinne entscheiden, hatte er eine Art ›Bunkermentalität‹ entwickelt und

Flammen und Rauch über der jugoslawischen Hauptstadt Belgrad durch einen Luftangriff der NATO mit Cruise-Missile-Marschflugkörpern. Kasernen, Luftabwehrstellungen und Militäranlagen wurden bombardiert.

versuchte allem Anschein nach, den Luftkrieg auszusitzen. Seine letzten gemäßigten Berater hatte er im Zuge der Eskalation des Konflikts bereits in den vorangegangenen Monaten entlassen.

Angesichts der zahlenmäßigen und technologischen Überlegenheit der NATO-Systeme vermieden die Serben den offenen Kampf. Stattdessen blieben sie in Deckung, tarnten sich und täuschten die NATO-Luftaufklärung durch Attrappen. Diese Strategie eines Staates, der mit einem jährlichen Verteidigungsbudget von schätzungsweise 1,5 Milliarden US-Dollar und 110 000 aktiven Soldaten dem Bündnis mit einem Jahresbudget von 450 Milliarden US-Dollar und einer Personalstärke von vier Millionen Aktiven deutlich unterlegen war, verfehlte ihre Wirkung nicht. Nach zwei Tagen andauernder intensiver Luftangriffe bewertete die NATO die jugoslawische Luftverteidigung als noch immer nicht zerschlagen. Da man eigene Verluste auch mit Blick auf die innenpolitische Sensibilität in den NATO-Mitgliedstaaten vermeiden wollte, hätte das jedoch die Voraussetzung für den Eintritt in Phase II sein sollen.

Als die Ziele langsam ausgingen, ohne dass sich der erwartete militärische Erfolg einstellte, löste NATO-Generalsekretär Solana nach Kon-

sultation der Mitgliedstaaten am 27. März 1999 Phase II aus. Das war für die Glaubwürdigkeit des Bündnisses von großer Bedeutung, das angesichts Miloševićs fortgesetztem Widerstand zunehmend tiefer in einen Krieg verstrickt wurde. Vor allem standen die Regierungen der NATO-

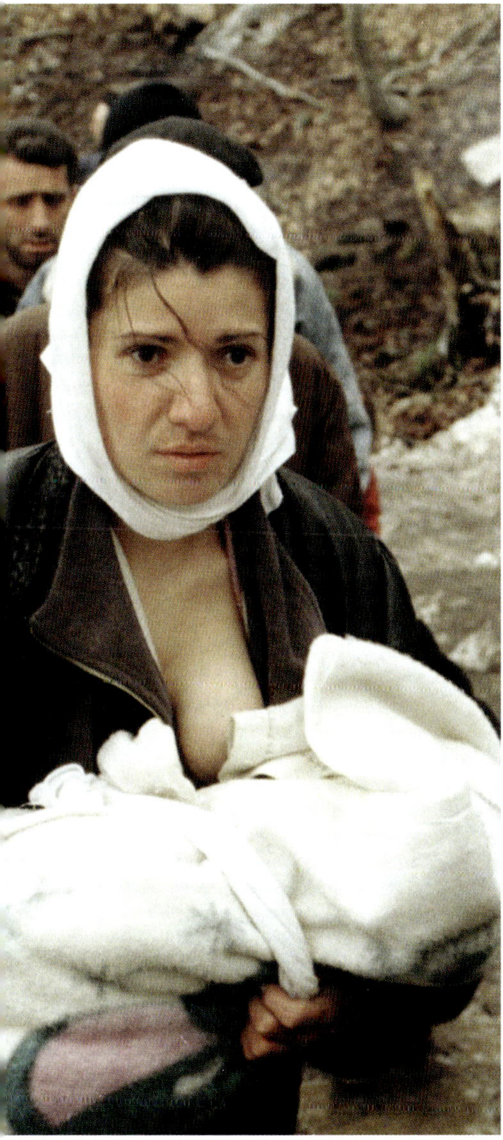

Nach dem Abzug der OSZE-Beobachter am 20. März 1999 wird die kosovo-albanische Bevölkerung systematisch vertrieben. Mehr als 2000 Menschen flüchten in diesen Tagen auf schlammigen Straßen durch die Berge ins angrenzende Mazedonien, 30. März 1999.

Staaten unter innenpolitischem Druck, endlich die humanitäre Katastrophe in der Region zu beenden. Um die jugoslawischen Streit- sowie Sicherheitspolizeikräfte im Kosovo zerschlagen zu können, musste aber zuvor Phase II gestartet werden. Dies war umso dringlicher, als

Milošević nach dem Abzug der OSZE-Beobachter am 20. März 1999 unverzüglich mit der Vertreibung der kosovo-albanischen Bevölkerung im großen Maßstab begonnen hatte. Tausende Menschen waren ohne Obdach und Nahrung bei winterlicher Kälte massiver Gewalt ausgesetzt.

Doch auch die Ausweitung der Luftschläge in Phase II brachte keinen raschen Erfolg. Zwar wurde die ortsfeste Infrastruktur wie Kasernen und Depots durch die Luftangriffe schwer beschädigt, doch die gegnerische Luftverteidigung erlitt nur mäßige Verluste, ganz zu schweigen von den Kräften am Boden. Nach NATO-Schätzungen waren bis zum 17. April 1999 gerade einmal ein Dutzend serbischer Panzer zerstört worden. Damit waren die serbischen Landstreitkräfte nahezu unversehrt und kampfkräftig geblieben. Die NATO schien die Wirkung von Luftschlägen überschätzt zu haben.

Der Krieg weitet sich aus

Die weit hinter den Erwartungen von Politik und Militär zurückgebliebene Wirksamkeit des bisherigen Verlaufs der Operation Allied Force in Verbindung mit den dramatisch steigenden Flüchtlingszahlen aus dem Kosovo vergrößerte den innenpolitischen Druck auf die Regierungen der NATO-Mitgliedstaaten noch weiter. Schließlich war ihr Handeln völkerrechtlich dadurch legitimiert, dass dieser Luftkrieg in Ermangelung eines UN-Mandats eine humanitäre Katastrophe im Kosovo verhindern sollte. Doch das Gegenteil schien der Fall zu sein. Hatten seit der Eskalation des Kosovokonflikts im Frühjahr 1998 bis zum Beginn der Operation Allied Force etwa 170 000 Flüchtlinge das Kosovo verlassen, sollten es bis Ende Mai 1999 weitere 850 000 werden. Somit entstand der Eindruck, dass der Luftkrieg die Flucht überhaupt erst ausgelöst hatte.

Als der Erfolg der Luftoperation ausblieb, drohte der innenpolitische Rückhalt innerhalb der NATO-Mitgliedstaaten wegzubrechen. Um das zu verhindern und außerdem glaubwürdig zu bleiben, wurde der Luftkrieg stetig ausgeweitet. Bereits am 30. März forderten die USA und Großbritannien auf der Sitzung des NATO-Rates den Einstieg in die letzte und höchste Eskalationsstufe. Mit Phase III sollten die Luftangriffe auf das gesamte Staatsgebiet der Bundesrepublik Jugoslawien aus-

Zwei Belgrader vor dem brennenden serbischen Innenministerium am 3. April 1999 mit Teilen einer explodierten Cruise Missile

gedehnt werden. »Gezielte Luftschläge gegen das Regime in Belgrad (Entscheidungszentralen) soll[t]en der Führung das hohe Risiko ihres Vorgehens deutlich vor Augen führen.«

Das Beispiel Deutschland zeigt, dass die Befürchtungen einer schwindenden Unterstützung für den Luftkrieg alles andere als unbegründet waren. Etwa zur Zeit der NATO-Ratssitzung vom 30. März 1999 wurde erneut massive Kritik in den Reihen von SPD und Bündnis 90 / Die Grünen laut. Anfang April sah sich Außenminister Fischer vor allem von seiner eigenen Partei mit dem Vorwurf der Rambouillet-Lüge konfrontiert. In der *taz* hieß es, Fischer habe mit dem sogenannten Annex B (zur militärischen Implementierung) aus dem Kapitel VII des Vertragsentwurfs von Rambouillet dem Bundestag wichtige Informationen vorenthalten und damit diesen und die gesamte Öffentlichkeit

Sah sich mit dem Vorwurf der Fehlinformation konfrontiert: Bundesverteidigungsminister Scharping zeigt während seiner Rede in der Bundestagssondersitzung zum Kosovokonflikt am 15. April 1999 Luftaufnahmen der NATO, die die systematische Zerstörung von Dörfern im Kosovo durch serbische Einheiten belegen sollen.

bewusst in die Irre geführt, um die deutsche Beteiligung am Luftkrieg nicht zu gefährden.

SPD-Verteidigungsminister Rudolf Scharping wiederum befand sich in Rechtfertigungsnot hinsichtlich des »Hufeisen-Plans«. Am 8. April 1999 informierte Scharping die deutsche Öffentlichkeit über die Existenz eines serbischen Operationsplans, der die systematische Vertreibung der kosovo-albanischen Bevölkerung zum Ziel hatte. Die Darstellung, die er während des Presseauftritts in der Hand hielt, erweckte den Eindruck, er verfüge über ebendiesen Plan. Die von ihm präsentierte Grafik war allerdings im BMVg erstellt worden; Scharping besaß tatsächlich keine Kopie des Operationsplans. Statt Unterstützung für die Fortsetzung der Luftschläge zu gewinnen, sah er sich nach der voreiligen Pressekonferenz mit dem Vorwurf konfrontiert, die Öffentlichkeit falsch informiert zu haben. Pikanterweise gab auch der SACEUR bei einem gemeinsamen Auftritt in einer britischen Fernsehsendung an, keine Kenntnis von einem solchen Plan zu haben.

Doch nicht nur in Deutschland, auch in Italien, Griechenland und Tschechien, das formell erst auf dem im April 1999 bevorstehenden Jubiläumsgipfel der NATO in das Bündnis aufgenommen werden sollte, gab es zunehmend Widerstand gegen eine Fortsetzung der Luftschläge. Also einigte sich der NATO-Rat auf eine Kompromissformel. Anstelle der Phase III wurde eine Art Phase II plus beschlossen. NATO-Generalsekretär Solana erhielt die Ermächtigung, Luftangriffe gegen ausgewählte Hochwertziele der jugoslawischen Volksarmee und Sicherheitspolizei auch nördlich des 44. Breitengrades anzuordnen. Das betraf unter anderem militärische Infrastruktur, Bodentruppen und Kommunikationseinrichtungen. Die Einschränkungen im Vergleich zur ursprünglichen Phase III führten dazu, dass 437 der ursprünglich 980 identifizierten Ziele ausgeklammert wurden.

Bei der Entscheidung zur Einführung von Phase II plus ging es den europäischen NATO-Staaten vor allem darum, wenigstens ein Mindestmaß an politischer Kontrolle über die Zielauswahl zu behalten. Die Zielplanungen für die gesamte Operation Allied Force lagen nämlich im Wesentlichen in US-amerikanischen Händen und verliefen unter deren Führung. Die NATO plante und führte zwar ihre Luftkriegsoperationen selbst durch, war aber auf die raumgestützte und die elektronische Aufklärung der USA angewiesen. Den Europäern fehlte dadurch die Möglichkeit ausreichender Kontrolle und Mitsprache. Die Bundeswehr, die vor allem über keine eigene Satellitenaufklärung verfügte, musste schlicht darauf vertrauen, dass die Zielauswahl der Amerikaner den in den »Rules of Engagement« formulierten Vorgaben entsprach.

Die militärische Überlegenheit und die daraus resultierende Dominanz der USA innerhalb der NATO spiegelten sich auch darin wider, dass der SACEUR, der als Oberbefehlshaber für die Operation Allied Force verantwortlich war, parallel zum NATO-Befehlsstrang Befehle vom Chairman of the Joint Chiefs of Staff (CJCS), dem höchsten US-Militär, erhielt. Somit unterstanden High-Tech-Tarnkappenbomber mit ihren GPS-gesteuerten Bomben, wie die von den USA aus startenden B2-Langstrecken-Bomber, und Flugzeuge der US-Flugzeugträger in der Adria, ausschließlich US-amerikanischer Befehlsgewalt. All dies

Luftoperation Allied Force gegen militärische Ziele 1999

Quelle: Walter Feichtinger, Die militärstrategische und operative Entwicklung im Konfliktverlauf. In: Der Krieg im Kosovo 1998/99. Hrsg. von Erich Reiter, Mainz 2000, S. 93 – 135, hier: S. 121.

ermöglichte den USA nördlich des 44. Breitengrades theoretisch Alleingänge bei der Zielauswahl und deren Bekämpfung. Dort galt nämlich: US-Assets only. Dementsprechend erhielten die Bündnispartner keine Einblicke in diese Planungen. Zudem konnten über den US-amerikanischen Befehlsstrang auch Ziele anvisiert werden, bei denen bis zu 20 zivile Opfer zu erwarten waren. Das war nach deutscher Rechtsauffassung undenkbar. Allerdings wurden alle Bündnispartner über die Ziele, die durch US-amerikanische Flugzeuge bekämpft werden sollten, unterrichtet. Trotzdem hatten alle NATO-Mitgliedstaaten die innenpolitischen Konsequenzen zu tragen, die sich aus Luftangriffen im gesamten Einsatzraum ergaben.

Doch auch nach einem zweiwöchigen Luftkrieg in der Phase II plus hatte sich die Lage kaum verändert. Der erwartete Erfolg blieb nach wie vor aus. Das warf erneut die Frage nach der Zweckmäßigkeit der Luft-

Ein B-2-Tarnkappenbomber wird in der Luft betankt, April 1999.

schläge auf. Unter dem Druck der öffentlichen Meinung sowie der Erwartung, das größte und mächtigste Militärbündnis der Welt müsse sich gegen einen viel kleineren Gegner doch durchsetzen können, weitete sich der Luftkrieg noch stärker aus. Nachdem der sogenannte *Targeting Approval Process* der US-Streitkräfte mit den Bündnispartnern bis Anfang April 1999 abgestimmt worden war, forderte General Clark 82 weitere Flugzeuge an, die das Pentagon am 10. April 1999 zusagte. Das Verfahren erlaubte den US-Amerikanern, gesteuert über den nationalen Befehlsstrang, auch Ziele jenseits der sogenannten Phase II plus zu bekämpfen, wie zum Beispiel serbische Medieneinrichtungen. Am 13. April 1999 folgten weitere 300 US-Maschinen. Im Verlauf des Monats gab auch die NATO immer mehr zivile Ziele zur Bekämpfung frei, wobei zivile Opfer so weit wie möglich ausgeschlossen werden sollten. Dennoch wurden im Verlauf des gesamten Luftkriegs etwa 500 jugoslawische Zivilisten getötet.

General Clark zeigt am 13. April 1999 in Brüssel auf einem Aufklärungsfoto Stellen, die angeblich auf Brandschatzungen im Kosovo schließen lassen, und fordert 300 weitere Flugzeuge zur Verstärkung der Luftflotte an.

Angehörige der versehentlich durch die NATO zerstörten chinesischen Botschaft fliehen aus dem Gebäude. Jugoslawische Rettungskräfte zeigen ihnen den Weg, 8. Mai 1999. Dieser Vorfall belastete den politischen Friedensprozess schwer, da die Gefahr bestand, dass die Veto-Macht China ein UN-Mandat für die KFOR verhindern könnte.

Insbesondere drei Vorfälle erlangten traurige Berühmtheit: Beim Angriff auf die Eisenbahnbrücke über die Grdelica-Schlucht fanden am 12. April 1999 20 Menschen den Tod, als der vollbesetzte Schnellzug D 393 getroffen wurde. Nur zwei Tage später kam es zu einem noch schwereren Vorfall und die NATO sah sich heftigster Kritik ausgesetzt. Am 14. April 1999 beschossen Flugzeuge versehentlich einen Flüchtlingskonvoi auf der Straße bei Đakovica (alb. Gjakovë). Dabei wurden 73 Zivilisten getötet. Tagelang gingen dramatische Bilder der Medien um die Welt.

Die politisch schwerwiegendsten Folgen zog aber die versehentliche Bombardierung der chinesischen Botschaft in Belgrad am 7. Mai 1999 nach sich. Eine satellitengesteuerte Bombe eines amerikanischen B-2-Tarnkappenbombers zerstörte dabei in der Nacht vom 7. auf den 8. Mai einen Teil des Gebäudes. Drei chinesische Botschaftsangehörige verloren ihr Leben. Ursache war vermutlich eine falsche Zielinformation eines US-Nachrichtendienstes, denn eigentlich sollte das Rüstungsbeschaffungsamt der serbischen Streitkräfte bekämpft werden. Irrtümlich war angenommen worden, dieses würde sich im Gebäude der chinesischen Botschaft befinden. Die US-amerikanisch-chinesischen Beziehungen erholten sich in den folgenden Jahren nur langsam von diesem Vorfall, der vor allem die Aussichten auf einen Waffenstillstand nachhaltig verschlechterte.

Am Tag zuvor hatten sich nämlich die Außenminister der G8-Staaten, nach mühevollen Verhandlungen und dank deutscher Vermittlung, auf einen Fahrplan zur politischen Lösung des Kosovokonflikts geeinigt. Durch die Einbindung Russlands über das Forum der G8 war es der Bundesregierung gelungen, wieder Bewegung in den politischen Konfliktlösungsprozess zu bringen. Die sogenannte Road Map der G8 basierte ganz wesentlich darauf, eine UN-Sicherheitsratsresolution zu

> Das Forum der G8 (kurz für Gruppe der Acht) ist ein informeller Zusammenschluss der bedeutendsten Industrienationen der westlichen Welt (Deutschland, Großbritannien, Italien, Frankreich, Japan, Kanada, Russland, USA). Auf regelmäßigen Gipfeltreffen der Staats- und Regierungschefs werden Fragen der Weltwirtschaft erörtert.

Die Rolle der Medien

»Zwei Dinge beeinflussen die humanitäre Militärintervention einer Mediendemokratie: Die fast perfekte Öffentlichkeit der Kriegführung in Echtzeit durch die elektronischen Medien und die begrenzte Unterstützung durch die Bevölkerung«, stellte der ehemalige deutsche Diplomat Günter Joetze einmal fest. Der »CNN-Effekt« (benannt nach dem US-amerikanischen Fernsehsender CNN) ist eine anerkannte Größe hinsichtlich der Auswirkungen medialer Berichterstattung sowohl auf die politischen Ziele als auch auf die militärischen Operationen.

In Echtzeit gesendete Fernsehbeiträge sowie zeitnah publizierte Fotos und Berichte über Kriegsgräuel in Printmedien erzeugten auch während des Kosovokonfliktes emotionale Reaktionen in der Bevölkerung, die die öffentliche Meinung beeinflussten. Dergleichen konnte die Regierungen in kürzester Zeit unter immensen Handlungsdruck setzen. Da Reporter unter Lebensgefahr aus den Kriegsgebieten berichteten, wirkten die Geschehnisse authentisch.

Insofern konnte die Berichterstattung über Flüchtlinge im Falle des Kosovokonflikts einerseits Zustimmung generieren. Auf der anderen Seite wirkten sich die kritischen Beiträge über die sogenannten Kollateralschäden negativ auf die öffentliche Meinung über die Kriegführung der NATO aus. Meinungsumfragen belegen, dass die Zustimmung zum Vorgehen der Allianz immer dann sank, wenn unbeteiligte zivile Opfer zu beklagen waren. Das betraf aber auch eigene Verluste, wie die nervöse Reaktion der amerikanischen Öffentlichkeit nach der Gefangennahme von drei US-Soldaten am 31. März 1999 zeigte. Die Folgen des »CNN-Effekts« waren für die NATO kaum kalkulierbar. Da sie aber entscheidenden Einfluss auf die Kriegführung der Allianz und die Durchsetzung der militärisch-operativen und politischen Ziele hatten, versuchte Brüssel dem durch eigene Medienarbeit entgegenzuwirken.

erzielen. Nach der Bombardierung der chinesischen Botschaft bestand allerdings die Gefahr, dass China dort sein Veto einlegen würde. »Ich hätte vor Entsetzen, Wut und Enttäuschung am liebsten in mein Kissen gebissen«, erinnerte sich Fischer an den Moment, in dem ihm sein Radiowecker die schlechte Nachricht am Morgen des 8. Mai 1999 verkündete. Der deutsche Bundeskanzler Schröder nutzte seine China-Reise und bat im Namen der NATO-Staaten bei der chinesischen Regierung um Entschuldigung. Das chinesisch-amerikanische Verhältnis war daraufhin zwar über Jahre hinweg belastet, dennoch signalisierte China, kein Veto gegen die beabsichtigte Resolution einlegen zu wollen. Auch Russland unterstützte weiterhin die Bemühungen der G8.

↗ **Außenminister Fischer (r.) begrüßt Viktor Tschernomyrdin, Kosovo-Beauftragter des russischen Präsidenten, am 29. April 1999. Wesentliche Voraussetzung für eine politische Lösung des Kosovokonflikts war die Einbindung Russlands, an der die deutsche Bundesregierung einen entscheidenden Anteil hatte.**

5 Der Weg aus dem Krieg

Die Wiederbelebung der Politik

Dass der politische Prozess zur Bewältigung des Kosovokonflikts wieder in Gang kam, ging ganz wesentlich auf das Wirken der Bundesregierung zurück. Zunächst hatte sich die UN als ungeeignetes Forum zur Konfliktlösung erwiesen und später auch die Kontaktgruppe. Als Milošević nicht binnen weniger Tage einlenkte, herrschte nach den gescheiterten Verhandlungen in Paris und dem Beginn des Luftkriegs Ratlosigkeit unter den NATO-Partnern. In dieser Situation brachte der deutsche Außenminister Fischer am 30. März 1999 fünf im Auswärtigen Amt entwickelte Forderungen in die allabendlich stattfindende Telefonkonferenz der sogenannten »Quint« ein, also der Außenminister der USA, Großbritanniens, Frankreichs, Italiens und Deutschlands.

In weiteren Abstimmungsgesprächen innerhalb der NATO, der EU und der G8 konnte auf der Grundlage dieser fünf Punkte ein Friedensplan für das Kosovo entwickelt werden. In den deutschen Medien wurde dieser später oft als »Fischer-Plan« bezeichnet. Die darin an Milošević adressierten Forderungen umfassten ein sofortiges und nachweisliches Ende der Gewalt im Kosovo; den Abzug der serbischen Sicherheitskräfte; die Akzeptanz einer internationalen Militärpräsenz; die Zustim-

Der Jubiläumsgipfel, der vom 23. bis 25. April 1999 in Washington zum 50. Jahrestag der Allianz stattfand, markiert einen Wendepunkt im Kosovo-konflikt.

mung zur Rückkehr aller Flüchtlinge und zum ungehinderten Zugang humanitärer Hilfsorganisationen sowie die glaubhafte Garantie, auf eine politische Rahmenvereinbarung auf Grundlage der Gespräche von Rambouillet hinzuarbeiten.

Die seit dem Beginn der militärischen Planungen der NATO im Sommer 1998 zunehmende Verlagerung des politischen Prozesses von der Kontaktgruppe in die Allianz hatte aus Sicht der Bundesregierung Russland immer mehr aus den Gesprächen ausgeschlossen. Dies änderte sich, als ab Anfang April das Forum der G8 für die Verhandlungen genutzt wurde, was die »Quint« und Russland wieder an einen Tisch brachte. Diese Verlagerung konnte Deutschland dank seines turnusgemäßen Vorsitzes in der G8 und seiner EU-Ratspräsidentschaft erwirken.

Der deutsche Friedensplan basierte zwar auf den Ideen und Entwürfen von Rambouillet. Der wesentliche Unterschied lag aber darin, dass für die zivile Umsetzung nicht mehr die OSZE, sondern die UN verantwortlich sein sollte. Wie bereits wenige Jahre zuvor bei der SFOR in Bosnien-Herzegowina sollte Russland erneut militärisch eingebunden werden, diesmal in die KFOR. Gegen den anfangs erheblichen Widerstand aus Washington gelang es der Bundesregierung, der Belgrader Führung eine Unterbrechung der Luftangriffe in Aussicht zu stellen, sobald sie nachweislich mit dem Abzug ihrer Kräfte begonnen hatte.

Der Washingtoner Jubiläumsgipfel vom 23. bis zum 25. April 1999 anlässlich des 50-jährigen Bestehens der NATO markierte den Wendepunkt im Kosovokrieg. Die ursprünglichen Tagesordnungspunkte, darunter die Verabschiedung eines neuen strategischen Konzepts und die Feierlichkeiten zur Aufnahme der neuen NATO-Mitglieder Tschechien, Polen und Ungarn, traten gegenüber dem Kosovokonflikt in den Hintergrund.

Im Vorfeld des Gipfels hatten sich alle Mitgliedstaaten darauf verständigt, den Luftkrieg gegen Milošević so lange weiterführen zu wollen, bis dieser den Forderungen der NATO nachkam. Dabei handelte es sich im Wesentlichen um die fünf Punkte des deutschen Friedensplans, die mittlerweile mit den anderen NATO-Staaten abgestimmt worden waren und am 12. April in einer gemeinsamen Erklärung veröffentlicht wurden. Angesichts des erheblichen innenpolitischen Drucks in den Mitgliedstaaten aufgrund ausbleibender militärischer Erfolge, anschwellender Flüchtlingsströme und der versehentlich durch NATO-Flugzeuge getöteten Zivilisten war diese Einigkeit keineswegs selbstverständlich.

Zu Beginn des Gipfels bekundeten die Staats- und Regierungschefs in ihrer »Erklärung zum Kosovo« unmissverständlich, Milošević durch die Erhöhung des militärischen Drucks und wirtschaftlicher Sanktionen zur Erfüllung der fünf Punkte zwingen zu wollen. Gleichzeitig verstärkte die NATO ihre militärische Präsenz. Bereits unmittelbar im An-

Aufwuchs der NATO-Luftstreitkräfte im Rahmen der Operation Allied Force, Februar–Juni 1999

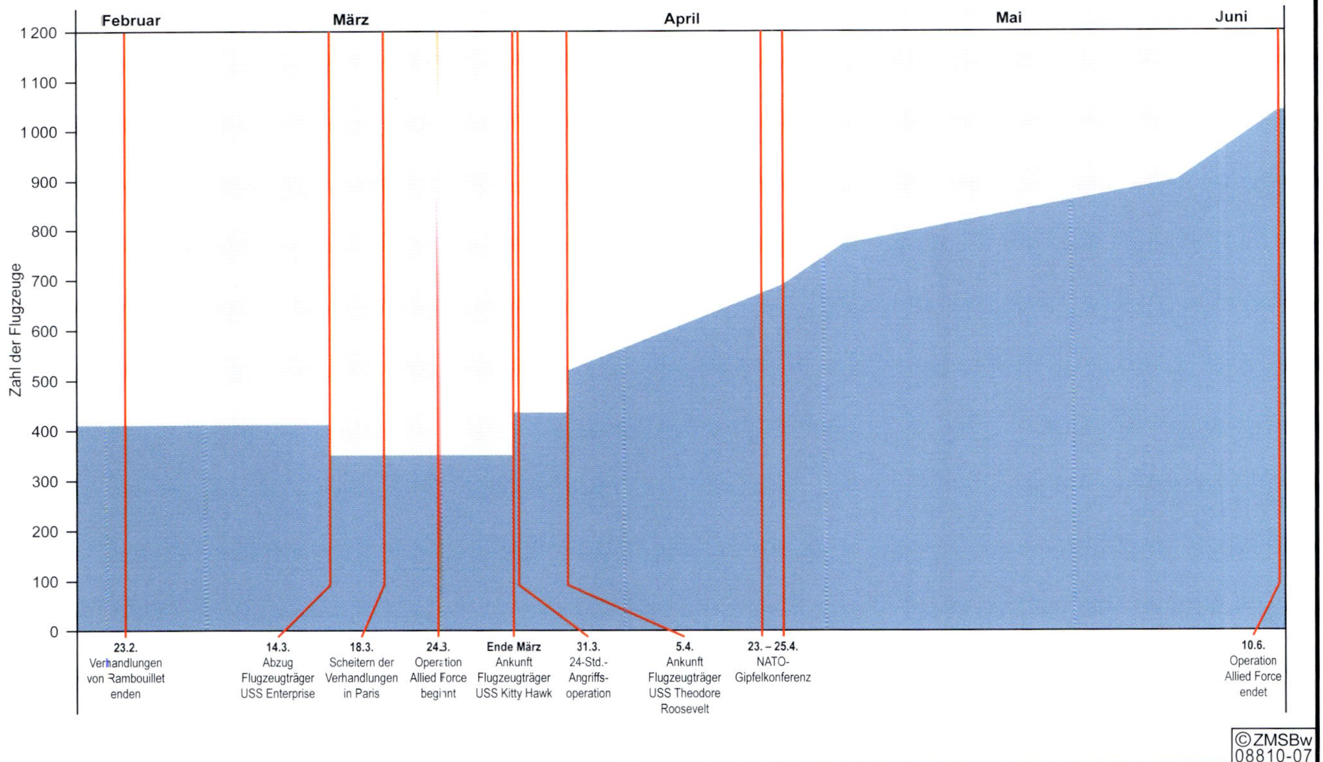

schluss an den Gipfel trafen 82 zusätzliche US-Kampfflugzeuge im Operationsgebiet ein. Am 26. April 1999 kündigten die USA die Entsendung weiterer 30 Tankflugzeuge, die Einberufung von 33 000 Reservisten und die stufenweise Erhöhung ihrer Luftflotte auf 750 Flugzeuge an.

Durch diese Verstärkung konnten die Angriffsflüge, sogenannte *strike sorties*, verdoppelt werden. Waren es in der ersten Woche der Operation Allied Force noch 30 bis 50 Flüge täglich, hatte sich deren Anzahl bis zum NATO-Gipfel auf 100 erhöht, um danach weiter zu steigen. Im Mai fanden durchschnittlich 150 und an einigen Tagen sogar bis zu 300 Angriffsflüge bei 600 bis 700 Flügen insgesamt statt. Der NATO gelang es, diese Intensität der Luftschläge bis zum Ende des Luftkriegs aufrechtzuerhalten. Als Milošević Anfang Juni schließlich einlenkte,

Aufklärungsdrohne Canadair CL-289 (mit Startfahrzeug MAN N 4520 7to mil gl)

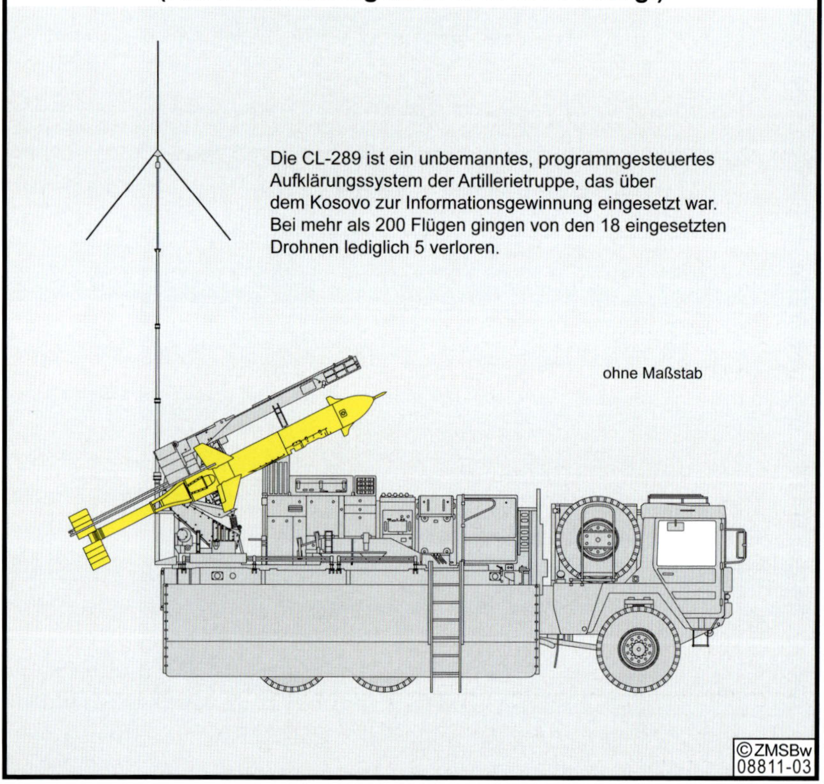

standen bereits weitere 200 Flugzeuge unmittelbar vor ihrer Entsendung. Die Bundeswehr trug mit insgesamt 438 SEAD-Einsätzen (*Suppression of Enemy Air Defense*) zur Unterdrückung der serbischen Flugabwehr bei und verschoss dabei 244 HARM-Raketen. Darüber hinaus beteiligte sich die Luftwaffe mit 46 Aufklärungsflügen deutscher Tornados und das deutsche Heer mit 162 Flügen der unbemannten Aufklärungsdrohne CL-289. Letztere ist mit einem Reihenbildgerät sowie einem Infrarot-Linienscanner ausgestattet und kann Bilddaten (Fotos und Videos) direkt übertragen.

Zu Beginn der Operation starteten mit Ausnahme von Bombern und Aufklärern alle Flugzeuge von Italien aus, bis Ende Mai 1999 kamen Flugplätze in Frankreich, Großbritannien, den USA, Ungarn, der Türkei und Deutschland hinzu. Da der Platz auf italienischen Flugplätzen immer knapper wurde, starteten ab Mitte April 1999 12 weitere F-117A-Tarnkappenbomber vom westdeutschen Spangdahlem aus. Diese zu Beginn der 1980er Jahre an die US-Luftwaffe ausgelieferten Flugzeuge hatten sich bereits während des Zweiten Golfkriegs im Frühjahr 1991 an der Operation Desert Storm beteiligt. Anders verhielt es sich mit den strategischen B2-Langstreckenbombern. Diese hochentwickelten Tarnkappensysteme waren erst wenige Jahre zuvor in Dienst gestellt worden und kamen im Kosovokrieg erstmals zum Einsatz. Sie flogen ihre jeweils 30 Stunden dauernden Missionen von ihren Heimatstützpunkten in den USA aus.

Mitte Mai 1999 umfasste der in der Adria operierende NATO-Flottenverband der Operation Allied Force 20 Schiffe. Darunter befanden sich mit der USS Theodore Roosevelt, der HMS Invincible und der Foch auch ein US-amerikanischer, ein britischer und ein französischer Flugzeugträger. US-amerikanische und britische Schiffe wie die USS Philippine Sea, die USS Gonzales, die USS Norfolk oder das britische U-Boot HMS Splendid hatten insbesondere zu Beginn der Operation mit Marschflugkörpern Ziele in der Bundesrepublik Jugoslawien beschossen. Die Zahl der Flugzeuge hatte sich von insgesamt 350 zu Beginn der Operation auf 900 am Ende erhöht.

Obwohl die serbische Flugabwehr täglich bis zu 30 Raketen auf die NATO-Flugzeuge abfeuerte, wurden während der insgesamt 38 000 Einsatzflüge lediglich zwei US-amerikanische Flugzeuge zerstört. Neben dem Verlust einer F-117A (in der Nacht vom 27. auf den 28. März)

An Luftangriffen beteiligte NATO-Flugzeuge 1999

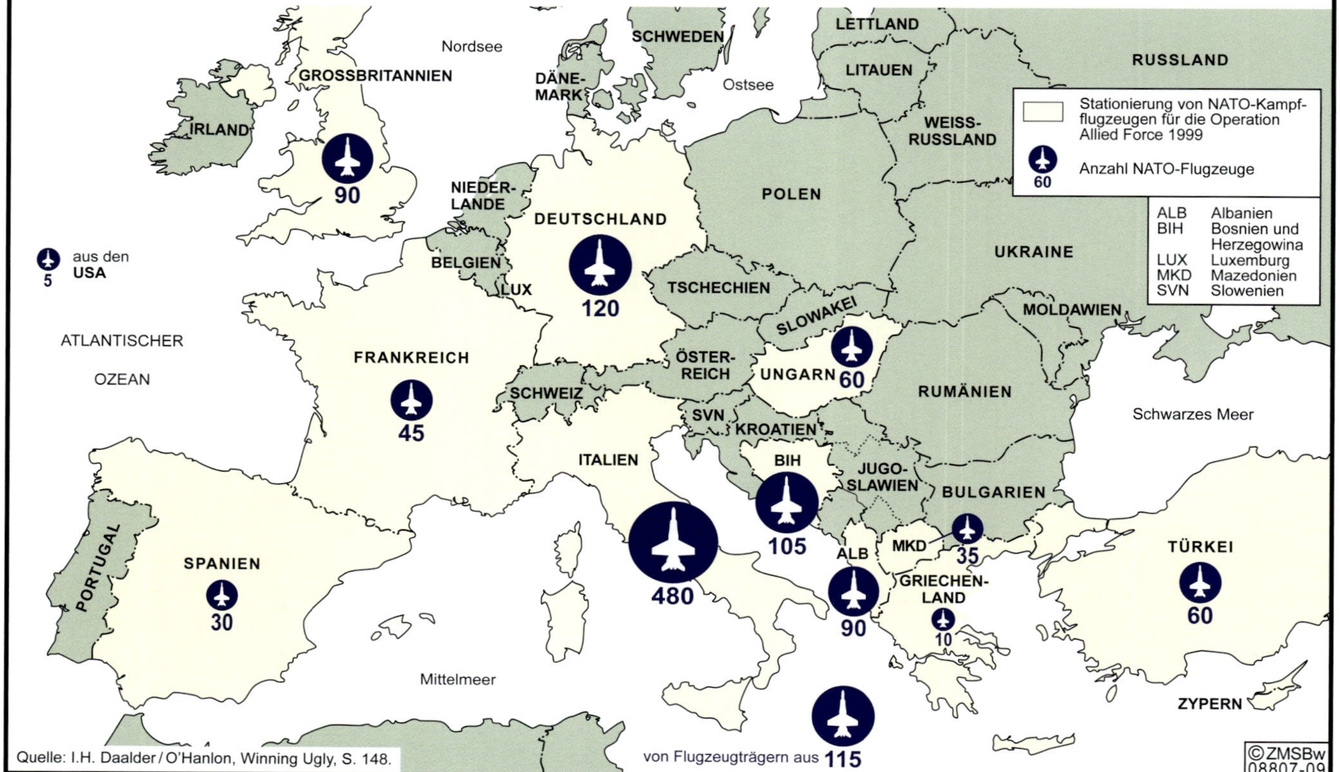

Quelle: I.H. Daalder / O'Hanlon, Winning Ugly, S. 148.

Eine F-18 wird auf dem Flugzeugträger USS Theodore Roosevelt gewartet, 13. April 1999.

wurde am 2. Mai 1999 eine F-16 abgeschossen. Beide Besatzungen wurden durch CSAR-Crews (*Combat Search and Rescue*) gerettet. Hinzu kam der Absturz eines britischen Harrier Jets aufgrund einer technischen Fehlfunktion, bei dem es ebenfalls keine Opfer zu beklagen gab.

Die politische Forderung, eigene Verluste zu vermeiden, schränkte die militärische Effektivität ein, da die NATO-Flugzeuge zum Schutz ihrer Besatzungen in mittleren Flughöhen operierten. Zu Beginn der Operation bewegten sich alle Kräfte in einer Mindestflughöhe von 15 000 Fuß (ca. 5000 Meter). Nur in Einzelfällen wurde im weiteren Kriegsverlauf auch in Höhen um 6000 Fuß (ca. 2000 Meter) geflogen. Um Ziele aus diesen Flughöhen effektiv bekämpfen zu können und auch um Kollateralschäden zu vermeiden, benötigte die NATO vor allem ferngelenkte Munition.

Da die Mehrzahl dieser Waffensysteme mit Lasertechnologie arbeitete, machte das Frühjahrswetter über dem Kosovo dem Bündnis im wahrsten Sinne des Wortes einen Strich durch die Rechnung. An 54 Tagen der 78-tägigen Operation Allied Force war der Himmel zu mehr als 50 Prozent bedeckt. Da die Laser die Wolkendecke nicht durchdringen konnten, wurden an 27 Tagen keine Angriffsflüge mit lasergelenkten Waffen geflogen. An weiteren 21 Tagen war die Wetterlage nur bedingt für den Einsatz solcher Waffensysteme geeignet. Präzisionsangriffe aus der Luft waren dadurch nur eingeschränkt oder gar nicht möglich.

Anders verhielt es sich mit der GPS-gesteuerten GBU 31/32 Joint Direct Attack Munition (JDAM), von denen mehr als 650 Stück durch die B2-Bomber abgeworfen wurden. Ihre Trefferquote lag bei über 90 Prozent, und die Wolkendecke bot den B2-Besatzungen zusätzlichen Schutz. Allerdings war diese Munition nur in geringeren Umfängen vorrätig sowie sehr teuer, auch ihr Abwurf war aufwendig. Am 24. März

Zwei zerstörte Panzer der jugoslawischen Armee in Klina im Sommer 1999. Trotz zunehmender Luftschläge blieben die Erfolge hinter den Erwartungen der NATO zurück.

1999 war sie zum ersten Mal zum Einsatz gekommen. Ihr Erfolg führte zu einer sofortigen Erhöhung der Produktion: Boeing bekam noch im April 1999 den Auftrag, 2527 JDAMs zum Einzelpreis von 15 000 US-Dollar herzustellen.

Ab dem 3. Mai 1999 setzte die NATO außerdem CBU-94-Graphit-Bomben ein, um damit die Stromversorgung in Serbien teilweise zu unterbrechen. Diese Bomben wurden in Behältern, die wie Getränkedosen aussahen, an einem Fallschirm abgeworfen und zerlegten sich über ihrem Ziel. Dabei setzten sie eine Wolke von Graphitfäden frei, die dann zu Kurzschlüssen in Kraftwerken, Umspannanlagen oder Telekommunikationseinrichtungen führten.

Außer den Kräften der Operation Allied Force waren in Albanien gemäß dem Beschluss des NATO-Rats vom 5. April 1999 noch 24 amerikanische Apache-Kampfhubschrauber der Task Force Hawk, Multiple Launch Rocket Systeme (MLRS), also Mehrfachraketenwerfer-Artilleriesysteme, und 5500 Soldaten stationiert. Letztendlich entschied sich die US-Regierung jedoch dagegen, diese Kräfte der Operation Allied Force zur Verfügung zu stellen. Die Risikoanalyse hatte eine sehr hohe Bedrohung der Kampfhubschrauber durch serbische Flugabwehr, vor allem durch schultergestützte Systeme des Typs SA-7 und durch Flugabwehrkanonen ergeben. Die ECR-Tornados konnten gegen diese Gefahren nichts ausrichten. Angesichts möglicher innenpolitischer Konsequenzen aufgrund eigener Verluste behielt Washington diese Kräfte daher in der Hinterhand. Möglicherweise hatten auch zwei Abstürze von Apache-Kampfhubschraubern während Trainingsflügen in Albanien zu dieser Entscheidung beigetragen. Beim zweiten Absturz waren beide Besatzungsmitglieder ums Leben gekommen.

Obwohl die Luftschläge nach dem Washingtoner Jubiläumsgipfel zunahmen, blieb die militärische Effektivität weiter hinter den Erwartungen der NATO-Militärs zurück. Nach wie vor fielen die Schäden an den serbischen Streitkräften geringer aus als angenommen. Erst einige Monate nach Kriegsende zeigte sich, dass die operativen Fähigkeiten der serbischen Landstreitkräfte tatsächlich kaum beeinträchtigt worden waren. Hatte das Pentagon am 10. Juni 1999, also einen Tag nach der Unterzeichnung des Waffenstillstandes, noch von 120 zerstörten Kampfpanzern, 220 gepanzerten Truppentransporten sowie 450 Artilleriegeschützen und Mörsern gesprochen, mussten die Zahlen nach unten

Etwa jeder zweite Kosovo-Flüchtling war jünger als 15 Jahre. Mit Bildern versuchten die Kinder ihre traumatischen Erlebnisse zu verarbeiten.

korrigiert werden, nachdem die Effektivität der Luftschläge im Kosovo vor Ort überprüft worden war. Auf einer NATO-Pressekonferenz in Brüssel am 16. September 1999 sprach Brigadier General John Corley, Chief des Kosovo Mission Effectiveness Assessment Team, nur mehr von 93 Kampfpanzern, 153 Truppentransportern sowie 339 Artilleriegeschützen und Mörsern. Da diese Werte auch auf Aussagen von Flugzeugbesatzungen und Hochrechnungen basierten, lagen die tatsächlichen Zahlen vermutlich noch darunter.

Gleiches betraf die Zahl der getöteten serbischen Soldaten. Zwar sprach die NATO während des Luftkriegs von 5000 bis 10 000, doch spätere Recherchen ergaben lediglich etwa 1600 Soldaten und 1000 zivile Opfer. Da das Pentagon selbst davon ausging, dass die serbischen Streitkräfte viele dieser Verluste noch während des Kriegs ersetzen konnten, blieb die Wirkung der Luftangriffe gering. Das BMVg kam in seinem Auswertungsbericht zum Kosovo-Einsatz im Frühjahr 2000 zu dem Schluss, dass die in der NATO während des Luftkriegs präsentierten Aufnahmen von eindrucksvollen Treffern ein falsches Bild erzeugt hatten:

> Trotz des nachhaltigen Bombenkrieges konnte weder die [jugoslawische] Flugabwehr ausgeschaltet, noch das Führungssystem entscheidend beeinträchtigt oder die Logistik lahmgelegt werden. Vor allem die serbischen Truppen im Kosovo selbst wurden, wie sich beim Abzug zeigte, offensichtlich nur in geringem Maß getroffen.

Es stellt sich also die Frage, warum die serbischen Streitkräfte trotz des monatelangen Hightech-Luftkriegs kaum geschwächt wurden. Ein ganz wesentlicher Grund war sicherlich, dass die NATO-Flugzeuge in größerer Höhe fliegen mussten und daher ihre Ziele schlecht trafen. Angesichts der zahlenmäßigen und technologischen Überlegenheit der NATO vermied die jugoslawische militärische Führung allerdings auch den offenen Kampf. Stattdessen setzte sie erfolgreich auf die alte Taktik des Einsatzes von Panzer- und Geschützattrappen. Truppenbewegungen von größeren Verbänden wurden möglichst vermieden oder erfolgten bei Nacht sowie durch Straßen- und Eisenbahntunnel. Darüber hinaus täuschten die Serben die NATO gezielt durch den eigenen Funkverkehr. Beschossen Flugzeuge der Allianz Attrappen oder verlassene serbische Stellungen, meldeten die serbischen Kräfte ihrer Führung dies als »Ausfälle«. Die NATO-Funkaufklärung vermerkte daraufhin die Vernichtung eines gegnerischen Zieles, obwohl es nie eines gegeben hatte oder die Kräfte inzwischen längst die Stellung gewechselt hatten.

Parallel zum Luftkrieg der NATO gegen die Bundesrepublik Jugoslawien fand am Boden ein zweiter Krieg im Kosovo statt. Unmittelbar nach dem Scheitern der Verhandlungen in Paris am 20. März 1999 setzten die serbischen Kräfte ihre großangelegten Aktionen gegen die Kosovo-Albaner fort. Um jeden Preis wollte Milošević Tatsachen schaffen. Die Anschläge gegen die Belgrader Zentralgewalt sollten beendet, die UÇK ein für alle Mal zerschlagen und die Kontrolle über die nach wie vor staatsrechtlich zu Serbien gehörende Provinz zurückerlangt werden. Nach dem bereits im Bosnienkrieg von 1992 bis 1995 praktizierten Muster riegelte die Armee mit Artillerie und schweren Waffen wie Kampfpanzern Orte oder ganze Gebiete ab, in denen dann die u.a. mit Maschinengewehren und gepanzerten Fahrzeugen ausgerüstete Sonderpolizei ohne Rücksicht auf die Zivilbevölkerung gegen die UÇK vorging. Zahlreiche Menschen, die ihre Heimat verloren hatten, suchten innerhalb des Kosovo und in den benachbarten Staaten Schutz. In den ersten

11 Wochen nach dem Beginn der Luftschläge wurde mehr als Drittel der Bevölkerung aus ihren Heimatorten vertrieben.

Obwohl die Operation Allied Force damit begründet worden war, eine Katastrophe im Kosovo verhindern zu wollen, war also genau das Gegenteil eingetreten. Angesichts der heftigen Kritik an der Operation plante die NATO ab Anfang April 1999 eine humanitäre Mission. Die Operation Allied Harbour sollte den Rahmen für die Koordinierung der bereits seit Wochen laufenden internationalen humanitären Hilfe bilden und eng mit dem Flüchtlingshilfswerk der UN, dem United Nations High Commissioner for Refugees (UNHCR) und der albanischen Regierung zusammenarbeiten. Die etwa 10 000 Mann starke, von der Allied Mobile Force, einem mobilen Eingreifverband der NATO, geführte und im Kern aus deren Landstreitkräften bestehende Truppe sollte ein sicheres Umfeld für die Umsetzung der humanitären Hilfe gewährleisten, Hilfsgüter und Flüchtlinge transportieren sowie Flüchtlingslager aufbauen. Sorge bereitete der NATO, dass dabei die eigene Truppe durch gewaltbereite, hochkriminelle Banden im politisch instabilen Albanien bedroht wurde und eventuell auch dort in eine bewaffnete Auseinandersetzung verstrickt werden könnte.

Milošević lenkt ein

Während der Luftkrieg eskalierte, arbeitete die internationale Gemeinschaft mit Hochdruck an einer politischen Lösung für das Kosovo. Der Bundesregierung war es Anfang April 1999 gelungen, einen diplomatischen Prozess zu initiieren, in dem sich die NATO-Mitgliedstaaten auf ein gemeinsames weiteres Vorgehen geeinigt hatten. In seiner Autobiografie fasste Fischer das Ergebnis des Gipfels in drei Punkten zusammen: »verstärkter strategischer Luftkrieg, verstärkte diplomatische Initiative, Vorbereitung des Bodenkriegs.«

Bereits am 25. April 1999, dem letzten Tag des NATO-Jubiläumsgipfels, hatte der russische Präsident Boris Jelzin seinen US-amerikanischen Amtskollegen Bill Clinton angerufen. Der damit beginnende Dialog zwischen Washington und Moskau bildete eine wesentliche Voraussetzung für die Lösung des Konflikts. In der Folge war der russische Sondergesandte Viktor Tschernomyrdin Anfang Mai 1999 nach

UN-Generalsekretär Kofi Annan (l.) wird vom russischen Präsidenten Boris Jelzin (r.) am 29. April 1999 im Kreml begrüßt.

Washington gereist, um die Modalitäten seiner Vermittlerrolle und die seines US-amerikanischen Kollegen, des stellvertretenden US-Außenminister Strobe Talbott, zu klären. Da Tschernomyrdin sich außerstande sah, Forderungen der NATO in Belgrad zu überbringen, fiel die Wahl schließlich auf den finnischen Präsidenten Martti Ahtisaari. Finnland war kein NATO-Mitglied, unterstützte jedoch das militärische Vorgehen des Bündnisses. Damit Ahtisaari auf Augenhöhe mit seinen Gesprächspartnern verhandeln konnte, bot ihm der deutsche Bundeskanzler Schröder eine Vermittlerrolle im Auftrag der EU an, zumal Finnland die EU-Ratspräsidentschaft von Deutschland übernehmen würde.

Die sogenannte Troika – bestehend aus Talbott, Tschernomyrdin und Ahtisaari – sollte Milošević zur Kapitulation unter Annahme der von der G8 formulierten Bedingungen bringen. Diese waren bei einem Treffen der G8-Außenminister am 6. Mai 1999 auf dem Petersberg bei

Die Troika wurde zum Motor des Friedensprozesses. Das Foto zeigt den stellvertretenden US-Außenminister Talbott, den russischen Sondergesandten Tschernomyrdin und den finnischen Präsidenten Ahtisaari am Rande ihrer Beratungen in Helsinki am 19. Mai 1999. Einen Tag später signalisierte das Präsidentenamt in Belgrad ernsthafte Verhandlungsbereitschaft.

Bonn, wo fast alle Sitzungen der G8 stattfanden, ausgehandelt worden. Die westlichen G8-Staaten und Russland hatten sich dazu auf die in NATO und EU bereits abgestimmten Positionen hinsichtlich eines Friedensprozesses für das Kosovo geeinigt.

Das wesentliche Ergebnis war sicherlich, dass sowohl eine direkte internationale Zivilverwaltung als auch eine robust bewaffnete Friedenstruppe auf der Grundlage eines UN-Mandats für das Kosovo vorgesehen waren. Die Beteiligten hofften, damit die Basis eines erfolgreichen politischen Prozesses zur Einstellung der Kampfhandlungen und zur Einhegung des Konflikts gelegt zu haben. Ein Erfolg war freilich genauso wenig absehbar wie bei der Konferenz von Rambouillet wenige Monate zuvor. Dennoch schien eine politische Lösung zum ersten Mal wieder möglich.

Diese Lösung setzte allerdings die Einstellung der Kampfhandlungen, den Abschluss von Waffenstillstandsvereinbarungen und eines internationalen Friedensabkommens voraus. Zur Durchsetzung und Überwachung brauchte es hierfür eine rasch verfügbare, personalstarke und mit schweren Waffen ausgerüstete Truppe. Daher forcierte die NATO den Aufwuchs der in Mazedonien stationierten Kräfte der KFOR, die den geplanten Umfang von 28 000 Mann schnellstmöglich erreichen sollten. Im April und Mai wurden ständig Truppen samt Gerät von den Häfen in Griechenland aus über den Landweg wie über den Luftweg nach Mazedonien verlegt.

Parallel dazu begannen die militärischen Planer der NATO mit einer erneuten Überarbeitung des Operationsplans Joint Guardian (KFOR). Bei dieser Weiterentwicklung handelte es sich um einen stufenweisen Prozess, der sich von Anfang April bis Anfang Juni 1999 vollzog. Die Planungen reagierten sowohl auf den politischen Prozess als auch auf die Veränderung der Sicherheitslage und waren anders als bei Allied Force viel konkreter. Beim ursprünglichen Mandat hatte es sich dabei eher um einen Stabilisierungsauftrag gehandelt, um die beiden Konfliktparteien auseinanderzuhalten und somit ein sicheres Umfeld zu gewährleisten. Das magere Ergebnis der Luftschläge, der Krieg zu Land zwischen serbischen Sicherheitskräften und UÇK sowie die dadurch ausgelösten Flüchtlingsströme erweiterten den KFOR-Auftrag jedoch erheblich. Ihre zusätzlichen Aufgaben umfassten sowohl den Wiederaufbau von Einrichtungen zur Grundversorgung der Bevölkerung als auch die Zusammenarbeit mit den für die zivile Implementierung eines Friedensvertrages verantwortlichen Organisationen.

Vor allem rechneten die militärischen Planer nun für den KFOR-Einsatz mit einem deutlich schwierigeren Umfeld vor Ort, das durch zerstörte Straßen und Infrastruktur, Verminung, die Aktivitäten der UÇK, örtlichen Widerstand und Terrorismus geprägt war. Bei einem kurzfristigen Einmarschbefehl stellte sich zudem die Frage, wie sich die KFOR selbst versorgen sollte. Die fehlende Verwaltung und die vielen Flüchtlinge verschärften die Bedingungen. Zum Zeitpunkt der Überarbeitung des KFOR-Operationsplanes mussten die NATO-Planer im SHAPE davon ausgehen, dass sich zahllose Flüchtlinge auf den wenigen intakten Verkehrswegen befinden und sich hilfesuchend an die KFOR wenden würden.

Daher wurde die Truppenstärke in den Planungen sukzessive von 28 000 auf 45 000 und schließlich auf 50 000 Soldaten erhöht. Außerdem wurde die Zusammensetzung der Streitkräfte der veränderten Lage angepasst. Aufgrund der Erfahrungen in Kroatien und Bosnien im Rahmen von UNPROFOR plädierte die britische Regierung von vornherein für eine starke und auch mit schweren Waffen ausgerüstete Truppe. Neben schwereren Waffen waren vor allem Pionierkräfte nötig, die Minen beseitigten, den Flugplatz in Priština wiederherstellten, Straßen reparierten und sich um die Bevölkerung kümmerten. Hinzu kamen Sanitätskräfte, die sowohl der Versorgung der eigenen Truppe dienen als auch humanitäre Hilfe für die Zivilbevölkerung gewähren sollten. CIMIC-Kräfte (von *civil-military co-operation*, dt. ›zivil-militärische Zusammenarbeit‹) mussten die Verbindung zu internationalen und Nichtregierungsorganisationen herstellen.

Anfang Mai 1999 gab es aus Belgrad nach wie vor keine Signale, die auf ein Einlenken Miloševićs hoffen ließen. Die Intensität des Luftkriegs nahm ständig zu und auch die Flüchtlingsströme am Boden rissen nicht ab. Die Frage nach der Glaubwürdigkeit der NATO wurde immer drängender und damit auch die Frage nach den verbliebenen militärischen Handlungsoptionen. Ein Angriff mit Landstreitkräften der NATO im

Dieses Schild warnt zurückkehrende Flüchtlinge vor Minen, die auch noch Jahre nach dem Krieg eine große Gefahr für die Bevölkerung darstellen.

Kosovo wurde zunehmend wahrscheinlicher. Die deutsche Bundesregierung sprach sich allerdings dagegen aus und versuchte stattdessen, den politischen Prozess zur Lösung des Kosovokonflikts voranzutreiben. Schröder und Fischer war aber auch klar, dass die Entscheidung über eine Bodeninvasion eine amerikanische war. Sie machten sich keine Illusionen darüber, dass sich Deutschland in einem solchen Falle unmöglich würde heraushalten können. Die einzige Möglichkeit, dies zu vermeiden, war eine politische Konfliktlösung durch die Einbindung Russlands in der G8, die alle relevanten Akteure an einen Tisch brachte.

Ob eine Landoperation der NATO im Kosovo schließlich in einem Sieg gegen die serbischen Kräfte bis Oktober 1999 geendet oder zu einer schleichenden Ausweitung, einem sogenannten Mission Creep wie 1993/94 bei der Operation der Vereinten Nationen in Somalia (UNOSOM II), geführt hätte, muss Spekulation bleiben. Gewiss scheint hingegen, dass die deutsche Beteiligung an einem Bodenkrieg die rot-grüne Bundesregierung erneut in erhebliche innenpolitische Schwierigkeiten gebracht und vermutlich zu ihrem Zerbrechen geführt hätte.

Doch dazu sollte es nicht kommen. Nach achtwöchigem Luftkrieg erklärte das Präsidentenamt in Belgrad am 20. Mai 1999, dass es auf der Grundlage des Prinzipienkatalogs der G8 zu Verhandlungen mit den Vereinten Nationen bereit sei. Das war offenbar der Haltung Russlands zu verdanken. Ursprünglich hatte Russland zwar gefordert, dass keine am Luftkrieg beteiligten Staaten Teil einer internationalen Friedenstruppe sein sollten. Doch geschwächt durch den gesellschaftlichen und wirtschaftlichen Transformationsprozess nach dem Ende des Kalten Kriegs benötigte Russland dringend Zugang zu Krediten sowie internationalem Kapital und musste sich neue Absatzmärkte erschließen. So gab Jelzin seinen Widerstand gegen den vor allem von den USA geforderten NATO-Kern der KFOR auf und Belgrad verlor damit die Unterstützung seines letzten und wichtigsten Verbündeten.

Da Milošević nicht länger auf die russische Rückendeckung zählen konnte, sondern endgültig politisch isoliert war, schwenkte Belgrad am 31. Mai 1999 die Weiße Flagge. Nach Angaben hoher jugoslawischer Regierungsvertreter hatten die russische Zustimmung zu einer NATO-geführten KFOR, die absehbare weitere Intensivierung der Luftschläge und vor allem die ernsthafte Prüfung einer Bodeninvasion der NATO in das Kosovo Milošević umgestimmt. Belgrad akzeptierte den Prinzipienkatalog der G8 daher ohne Vorbehalte, stimmte einer UN-Präsenz auf der Basis einer Sicherheitsratsresolution zu und forderte gleichzeitig die Einstellung der Bombenangriffe.

Um die Gunst der Stunde zu nutzen, trafen sich die Vertreter der Troika (Talbott, Tschernomyrdin und Ahtisaari) auf Einladung des deutschen Bundeskanzlers Schröder noch am 1. Juni 1999 auf dem Petersberg. Nach zähen Verhandlungen bis vier Uhr morgens lag endlich ein gemeinsames Positionspapier vor. Der NATO-Kern der KFOR war bestätigt worden; Russland hatte im Endeffekt sogar einer Fortsetzung der NATO-Luftschläge bis zum nachgewiesenen Abzugsbeginn der serbischen Kräfte aus dem Kosovo zugestimmt. Ganz offensichtlich hatte Tschernomyrdin Weisung von Jelzin, alles Notwendige zur Beendigung des Kriegs im Kosovo zu unternehmen, der mit zunehmender Dauer die innenpolitischen Gegner des russischen Präsidenten stärkte und Reformen gefährdete.

Nun ging es Schlag auf Schlag. Noch am selben Tag, dem 2. Juni 1999, flogen Ahtisaari und Tschernomyrdin mit dem gemeinsamen Positionspapier der Troika nach Belgrad und trafen um 17 Uhr Milošević. Alle seine Versuche, in dem vierstündigen Gespräch noch Zugeständnisse zu erwirken, verliefen erfolglos. Schließlich empfahl er dem serbischen Parlament, die Bedingungen unverändert anzunehmen. Trotz der Ablehnung der ultranationalistischen Serbischen Radikalen Partei stimmte das Parlament am 3. Juni 1999 mit 136 zu 74 Stimmen zu.

Am Nachmittag des 3. Juni 1999 flog Ahtisaari nach Köln, wo der Europäische Rat vom 3. bis zum 4. Juni 1999 tagte. Unter dem Beifall der versammelten Staats- und Regierungschefs sowie der Außenminister der EU konnte er die Annahme seines Dokuments durch Regierung und Parlament in Belgrad verkünden.

Bis zum 8. Juni 1999 hatten die Außenminister der G8 in abermals zähen Verhandlungen auf der Basis des Vertragswerks von Rambouillet einen tragfähigen Entwurf einer UN-Resolution ausgearbeitet. Parallel dazu stimmte die NATO die militärische Umsetzung des Vertragswerks mit dem jugoslawischen Militär im Rahmen eines militärisch-technischen Abkommens ab. Dabei handelte es sich um den umstrittenen Annex B, Kapitel VII, des Vertragsentwurfs von Rambouillet, der Außenminister Fischer den Vorwurf der Manipulation eingebracht hat. Nach der abschließenden Verhandlung dieses Abkommens zwischen Offizie-

Milošević (r.) und Tschernomyrdin (l.) am 2. Juni 1999 in Belgrad. Tschernomyrdin war mit Ahtisaari nach Belgrad gereist, um mit Milošević über den Friedensplan zu verhandeln, dem dieser schließlich zustimmte.

ren der NATO und der Jugoslawischen Volksarmee am 9. Juni 1999 im mazedonischen Grenzort Kumanovo gab der Kommandeur der KFOR, der britische Generalleutnant Mike Jackson, auf einer Pressekonferenz gegen 22.40 Uhr dessen Unterzeichnung bekannt. Vereinbarungsgemäß begann trotz der unvermindert fortgesetzten NATO-Luftangriffe, auch unter Beteiligung großer US-amerikanischer Langstreckenbomber des Typs B-52, daraufhin der Abzug der jugoslawischen Kräfte aus dem Kosovo. Nachdem die Aufklärung der NATO den Beginn des serbischen Abzugs zweifelsfrei bestätigt hatte, befahl der SACEUR General Clark am 10. Juni um 3.36 Uhr die Einstellung der Luftangriffe. Der Krieg war beendet.

Der Sicherheitsrat der Vereinten Nationen verabschiedete bei einer Stimmenthaltung Chinas noch am selben Tag die Resolution 1244. Darin standen die Forderungen aus dem Positionspapier der Troika, welche im Kern den im Frühjahr vorgestellten fünf Punkten der Bundesregierung entsprachen. Außerdem wurden die Aufgaben und Kompe-

Am 9. Juni 1999 tragen britische Soldaten Landkarten des Kosovo zum Verhandlungsort im mazedonischen Kumanovo. Vertreter der NATO und der jugoslawischen Armee unterzeichneten dort das militärisch-technische Abkommen zu den Modalitäten des serbischen Truppenabzugs aus dem Kosovo.

tenzen der internationalen UN-Interimsadministration UNMIK (*United Nations Mission in Kosovo*) geregelt. Da es im Kosovo weder Verwaltung noch Justizwesen oder eine funktionierende Polizei gab, nahm die UNMIK Einfluss auf alle Bereiche des öffentlichen Lebens. Beauftragt mit dem Aufbau einer zivilen Übergangsverwaltung im Kosovo sollte die UNMIK den Einwohnern des staatsrechtlich nach wie vor zu Serbien gehörenden Kosovo ein von Belgrad autonomes Leben bis zur Klärung der Statusfrage ermöglichen. Die KFOR erhielt mit der Resolution 1244 ein UN-Mandat zur militärischen Durchsetzung der darin enthaltenen Forderungen.

Unmittelbar nach der Verabschiedung der UN-Resolution 1244 billigte der NATO-Rat noch am 10. Juni 1999 die Activation Order, also den Einsatzbefehl, für die in Mazedonien stationierte und inzwischen auf

19 300 Mann angewachsene KFOR. Seit der Unterzeichnung des militärisch-technischen Abkommens am Vortag liefen die Vorbereitungen in den KFOR-Kontingenten auf Hochtouren, so auch beim deutschen Kontingent in Mazedonien. Die Ausrüstung wurde noch einmal überprüft, alles Notwendige verstaut. Entlang der Straßen reihten sich die Fahrzeuge und Panzer auf. Letztere wurden dabei bis zur Grenze des Kosovo auf Schwerlasttransporter verladen, um Besatzungen und Material zu schonen. Da die eingeschränkte Fahrersicht in den »Marder« Schützenpanzern und den »Leopard II« Kampfpanzern höchste Konzentration erforderte, hätte das Manövrieren der mehr als 30 bzw. 50 Tonnen schweren und deutlich über drei Meter breiten Gefechtsfahrzeuge auf der gebirgigen Route den Anmarsch verlangsamt. Mit einer Bedrohungslage, die den Marsch »auf Kette« rechtfertigte, wurde erst im Kosovo gerechnet.

Jetzt musste nur noch der Bundestag dem deutschen KFOR-Kontingent das Mandat erteilen. Ein solches Mandat existierte zwar seit dem 25. Februar 1999, doch hatte die erheblich überarbeitete Variante der Operation Joint Guardian, wie der KFOR-Einsatz auch hieß, einen erweiterten Auftrag, veränderte Einsatzregeln und eine gestiegene Anzahl der Soldaten mit sich gebracht. In der Folge beabsichtigte die Bundesregierung die Obergrenze des deutschen Kontingents von 4500 auf 8500 Soldaten zu erhöhen. Schließlich bekam das deutsche Kontingent mit der Multinational Brigade South (MNB S) in sogenannter Lead-Nation-Funktion die Verantwortung für den südwestlichen der insgesamt fünf Sektoren um die Stadt Prizren herum übertragen. Derweil besetzten die anderen Staaten der sogenannten Quint, also die USA, Großbritannien, Frankreich und Italien, die übrigen Sektoren in dieser Funktion. Das Bundestagsmandat umfasste außerdem die Kräfte aus den Luftoperationen und zusätzlich zu den im Rahmen der Operation Allied Harbour in Albanien die im Rahmen der Operation Joint Forge in Bosnien-Herzegowina (SFOR) eingesetzten deutschen Soldaten. Letztere konnten im Bedarfsfall das deutsche KFOR-Kontingent unterstützen.

Eine überwältigende Mehrheit nahm den Antrag der Bundesregierung am 11. Juni 1999 mit 505 Stimmen bei nur 24 Gegenstimmen und 11 Enthaltungen an. Um 13.55 Uhr gab der Vizepräsident des Deutschen Bundestages, Rudolf Seiters, das Abstimmungsergebnis bekannt. Um 14.03 Uhr erfolgte der Unterstellungswechsel der von

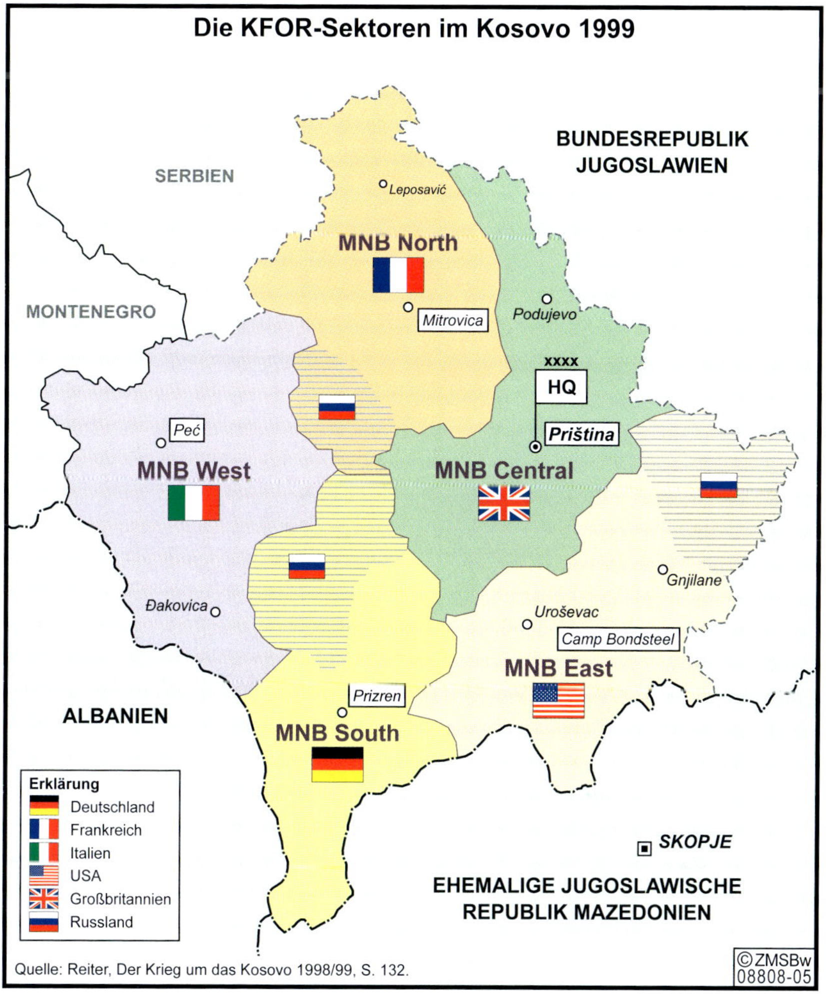

Brigadegeneral Fritz von Korff geführten deutschen KFOR-Einsatzbrigade unter NATO-Befehl. Daraufhin setzten sich die deutschen Marschkolonnen in Bewegung, um gemeinsam mit den anderen internationalen Teilkontingenten ihre Sammelräume an der Grenze zum Kosovo zu beziehen.

Am Samstagmorgen, dem 12. Juni 1999, war es soweit. Die Vorhuten des britischen, französischen und deutschen Kontingents überschritten die mazedonisch-kosovarische Grenze; es folgten italienische und US-

Konvoi einer verstärkten Panzerkompanie der deutschen KFOR-Einsatzbrigade beim Einmarsch am 12. Juni 1999 in das Kosovo, um das Einsatzgebiet in Prizren aufzuklären und für die nachfolgenden Konvois der Brigade zu sichern.

70
KFOR

Phasenweiser Rückzug der jugoslawischen Kräfte

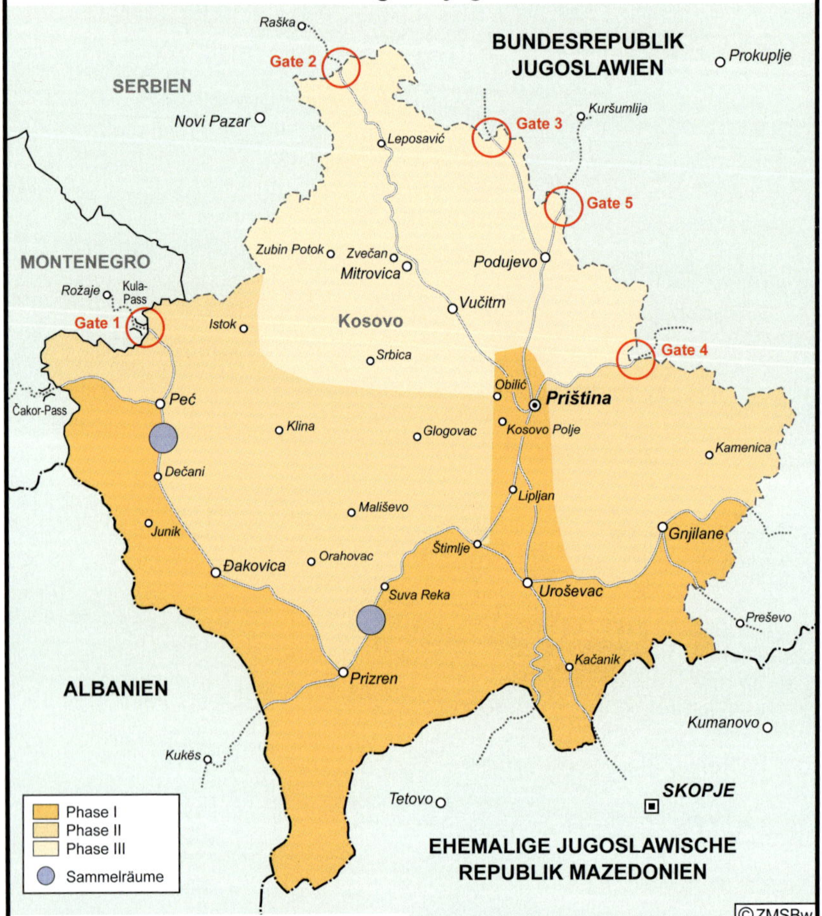

Quelle: ZMSBw, Dipositum Vizeadmiral a.D. Hans Frank.

amerikanische Truppen. Allein in den folgenden 48 Stunden marschierten etwa 5000 NATO-Kräfte über die südlichen Grenzen zu Mazedonien und Albanien in das Kosovo ein, während etwa 11 000 jugoslawische Kräfte in nördlicher Richtung nach Serbien abzogen. Knapp zwei Wochen später befanden sich bereits 30 000 der geplanten 50 000 KFOR-Soldaten im Kosovo.

Die größte Sorge Belgrads war dabei, die serbische Bevölkerung Racheakten schutzlos auszuliefern. Daher räumten die jugoslawischen

Aufgebrachte Kosovo-Albaner treten und schlagen auf den Wagen eines Serben ein, der am 13. Juni 1999 unter dem Schutz deutscher KFOR-Soldaten die Stadt Prizren verlässt. Nach dem Einmarsch der KFOR war die ethnische Gewalt keineswegs beendet.

Streitkräfte ein Gebiet im Kosovo erst beim Eintreffen der KFOR vollständig. Gleichwohl war Belgrad offensichtlich bemüht, das militärisch-technische Abkommen umzusetzen. Darin war detailliert festgelegt worden, bis zu welchem Zeitpunkt die serbischen Kräfte bestimmte Teile des Kosovo zu verlassen hatten. Tatsächlich ließen die jugoslawischen Streitkräfte teilweise sogar ihr Großgerät zurück, um die Vorgaben pünktlich einzuhalten. Bereits am 20. Juni 1999 konnte NATO-Generalsekretär Solana bekanntgeben, dass alle serbischen Militär- und Polizeikräfte das Kosovo wie geplant verlassen hatten. In den Tagen danach wurden Vereinbarungen getroffen, die es den jugoslawischen Streitkräften erlaubten, ihre zurückgelassene Ausrüstung unter der Begleitung von KFOR-Truppen abzuholen.

Mit dem Einmarsch der KFOR-Truppen war das Kosovo freilich nicht beruhigt. In den folgenden Wochen und Monaten waren die KFOR-Soldaten täglich mit Schusswechseln, Minenunfällen, dem Fund von Leichen und Massengräbern, Verschleppungen, illegalen Checkpoints und Waffenlagern der UÇK, Plünderungen, Brandschatzungen, dem

Beschuss eigener Soldaten, Demonstrationen und zurückkehrenden Flüchtlingen konfrontiert. Die ethnische Gewalt ebbte keineswegs ab: Bis zum Ende des Jahres 2000 fielen etwa 1000 im Kosovo lebende Serben Racheakten zum Opfer. Das zeigt, wie instabil das vom Bürgerkrieg schwer gezeichnete Land war und wie dringend es der Anwesenheit der KFOR bedurfte. Die KFOR war die Voraussetzung für den Abzug der serbischen Kräfte, da weder die NATO noch Belgrad an einem Machtvakuum interessiert waren. Vielmehr sahen beide eine schnelle Entwaffnung und Einhegung der UÇK als Voraussetzung für die Befriedung der serbischen Provinz an. Die kurz nach dem KFOR-Einmarsch einsetzende Rückkehr zahlreicher kosovo-albanischer Flüchtlinge, der Beginn der Arbeit der UNMIK sowie der Einrichtungen des öffentlichen Lebens im Kosovo zeigten, dass die Kosovo-Albaner auf den Schutz der internationalen Truppe vertrauten.

↗ Fluglotsen beobachten an Bord des Flugzeugträgers USS Theodore Roosevelt den Luftraum im Kosovo, Mai 1999.

6 Die Logik moderner Kriege – An der Schwelle zum Bodenkrieg

Der Kosovokrieg hätte freilich auch anders ausgehen können: Bis zuletzt gab es einflussreiche Akteure in der russischen Regierung, die die Unterstützung des Friedensplans und eine NATO-geführte Friedenstruppe ablehnten. In der NATO übte zudem die zentrale Maxime der Glaubwürdigkeit einen enormen Handlungsdruck aus. Eine Fortführung und stetige Ausweitung des Luftkriegs über den Sommer 1999 hinaus war unrealistisch. Das galt nicht nur mit Blick auf die innenpolitische Unterstützung in den einzelnen Mitgliedstaaten, sondern auch in Bezug auf die Kosten und militärischen Mittel; die Bestände an Präzisionswaffen etwa waren fast aufgebraucht. Es stellt sich also die Frage, ob Europa an der Schwelle zum 21. Jahrhundert kurz vor einem großen Bodenkrieg stand.

Im Mai 1999 begann die NATO mit den Planungen einer groß angelegten Angriffsoperation mit einer 175 000 Soldaten umfassenden Streitmacht in das Kosovo. In den vorangegangenen Monaten hatte das Bündnis keinen Zweifel daran gelassen, dass es willens und in der Lage war, die angedrohten militärischen Maßnahmen auch umzusetzen. Falls Milošević weiterhin keine Verhandlungsbereitschaft gezeigt hätte, wäre ein Bodenkrieg der NATO gegen Jugoslawien im September 1999 sehr wahrscheinlich geworden.

Dahinter stand nicht nur die weiter oben bereits diskutierte Logik der Glaubwürdigkeit, die entscheidend auf der wechselseitigen militärischen Beistandspflicht der Mitgliedstaaten basierte. Angesichts des sich im Mai stetig intensivierenden Luftkriegs stellte sich auch unweigerlich die Frage, welche Alternativen es denn gegeben hätte. Eine Einstellung der Luftschläge, ohne die serbische Umsetzung der UN-Reso-

Schwerverletzt beugt sich ein Serbe aus dem gelben Lada. Zuvor hatten die beiden Insassen einen Kontrollpunkt deutscher Soldaten der KFOR in Prizren mit Waffen angegriffen, 13. Juni 1999.

lution 1199 erzwungen zu haben, hätte nicht nur die Frage nach der Zukunft und der Funktion der Allianz nach sich gezogen. Die NATO hätte sich zudem vorwerfen lassen müssen, zur Eskalation der humanitären Katastrophe erst beigetragen und die betroffenen Menschen dann ihrem Schicksal überlassen zu haben.

Es waren genau diese Überlegungen, die zur schleichenden Ausweitung des Kriegs bis hin zu den Plänen einer Angriffsoperation von Landstreitkräften führten. Alles begann mit den Planungen der Extraction Force. Nach dem Scheitern der Konferenz von Rambouillet wurden nämlich sowohl die KFOR als Friedenstruppe zur Absicherung eines möglichen Vertrages und parallel dazu die Extraction Force zur Evakuierung der OSZE-Beobachter aufgestockt. Mit dem Abzug der OSZE und dem Ausbruch des Luftkrieges am 24. März 1999 erfolgte schließlich die Integration der Extraction Force in die KFOR, die sich nach dem Scheitern von Rambouillet nunmehr auch auf begrenzte Kampfoperationen am Boden einstellen musste.

Dass es sich hierbei um ein durchaus realistisches Szenario handelte, sollte sich im deutschen Sektor bereits kurz nach dem Einmarschbeginn der KFOR zeigen. Am Sonntagabend, dem 13. Juni 1999, fuhr ein gelber Lada mit zwei Milizionären auf einen deutschen Checkpoint in der Stadt Prizren zu. Einer der Insassen eröffnete das Feuer. Im folgenden Gefecht töteten die deutschen Soldaten einen der Angreifer und verletzten den anderen schwer. Ein deutscher Soldat wurde am Arm verwundet.

Die militärischen Vorbereitungen des KFOR-Einsatzes waren aber nur ein Treiber für die geplante Bodeninvasion. Noch am Abend, an dem die Luftschläge begonnen hatten, waren die Außenpolitiker der NATO-Staaten davon ausgegangen, dass Milošević einlenken würde. Nachdem sich dies als Trugschluss erwiesen hatte, versuchte die Bundesregierung, mithilfe des Fischer-Plans eine politische Lösung herbeizuführen. Gleichzeitig brachte der britische Premierminister Tony Blair eine mögliche Invasion mit Landstreitkräften ins Gespräch. Zwar war diese Option bereits Mitte April zwischen dem SACEUR sowie US-amerikanischen und britischen Offizieren im SHAPE diskutiert worden, doch stellte der Besuch Blairs beim US-Präsidenten Clinton am Vorabend des NATO-Jubiläumsgipfels den ersten offiziellen Vorstoß in diese Richtung dar. Unterstützt wurde er dabei von US-Außenministerin Albright.

Doch weder Clinton bzw. das Weiße Haus noch das Pentagon hatten in Erinnerung an die Prognosen eines erfolgreichen Luftkriegs Interesse an einem unkalkulierbaren militärischen Abenteuer. Zudem war keinesfalls sicher, dass eine konsensuale Entscheidung innerhalb der NATO über das militärische Vorgehen erreicht werden könnte. Dennoch mündeten die Bemühungen der britischen Regierung in einen Prüfauftrag Solanas an den SACEUR hinsichtlich der Machbarkeit einer solchen Operation.

Das hatte zur Folge, dass die militärischen Planungen im Anschluss an den NATO-Gipfel, der von dieser Debatte freigehalten werden sollte, auf Hochtouren liefen. Am 6. Mai 1999 unterrichtete der Vorsitzende des NATO-Militärausschusses, General Naumann, den NATO-Rat und machte deutlich, dass der Einsatz von Landstreitkräften nicht auszuschließen sei. In diesem Fall müsste noch vor dem Sommer eine Entscheidung getroffen werden, um spätestens im September mit der Angriffsoperation beginnen zu können. Die NATO-Planer rechneten mit drei Monaten Vorbereitungszeit nach dem politischen Beschluss und weiteren sechs bis acht Wochen, bis die NATO die Kontrolle über das Kosovo gewonnen hätte. Angesichts der bis zum 10. Juni 1999 auf gerade einmal 19 300 Mann angewachsenen KFOR, die den Kern dieser Truppe bilden sollte, war dies ein ambitioniertes Unterfangen, selbst wenn man berücksichtigte, dass Teile der in Bosnien-Herzegowina stationierten SFOR-Kräfte, die Allied-Harbour-Kräfte aus Albanien und deren bereits in Ausbildung befindliche Folgekontingente sowie NATO-Stand-by-Kräfte, wie die Allied Mobile Force, hinzukommen sollten.

Als Grundlage dieser Planungen dienten die bereits im Sommer 1998 entwickelten Optionen B und B minus. Option B sah die gewaltsame Einnahme Serbiens mit 200 000 NATO-Soldaten vor, Option B minus die des Kosovo mit 75 000 Soldaten. Auch verschiedene Einmarschrouten aus den benachbarten Regionen und Rückzugsmöglichkeiten für die serbischen Kräfte wurden ausgearbeitet. Angesichts Hunderttausender Flüchtlinge innerhalb des Kosovo waren Schutzzonen und Schutzkorridore vorgesehen, die den Menschen das sichere Verlassen der Provinz ermöglichen sollten.

Mitte Mai 1999 favorisierte Clinton zunehmend die Option B minus, also eine gewaltsame Einnahme des Kosovo. Trotzdem billigte der US-Präsident den Vorschlag von General Clark noch nicht, als sich dieser

V. l. n. r.: Der britische Premierminister Blair, US-Außenministerin Albright und US-Präsident Clinton beim NATO-Jubiläumsgipfel am 24. April 1999. Blair hatte eine mögliche Invasion im Kosovo mit Landstreitkräften vorgeschlagen und wurde von Albright unterstützt.

während eines gemeinsamen Treffens am 20. Mai 1999 deutlich zugunsten eines Einmarsches aussprach. Denn zunächst musste die US-Regierung ein Einvernehmen unter den wichtigsten NATO-Partnern herstellen. Während London den Plan unterstützte und die Regierung aufgrund früherer Einsätze auf dem Balkan eine breite parlamentarische Mehrheit hinter sich wusste, versuchte die Bundesregierung mit aller Macht, den politischen Prozess zur Lösung des Kosovokonflikts voranzutreiben, um eine Angriffsoperation zu verhindern. Folglich unterstützte sie die KFOR-Vorbereitungen und verlieh ihrer Position Nachdruck, indem sie keine Bundeswehroffiziere für die Planungen der Bodeninvasion abstellte.

Die USA argumentierten, dass diese Planungen Unsicherheit in Belgrad erzeugen und auf diese Weise zum Einlenken Miloševićs beitragen würden. Damit folgten sie der gleichen Logik wie bereits bei den

Vorbereitungen des Luftkriegs, überzeugten die Bundesregierung aber nicht. Vielmehr vermied sie konsequent jedes Signal einer deutschen Unterstützung, um mit Blick auf die innenpolitische Situation die Kontrolle zu behalten: Sie wollte unbedingt vermeiden, durch die Bündnissolidarität wie im Falle des Luftkriegs handlungsunfähig und in einen in Umfang wie Verlauf unkalkulierbaren militärischen Konflikt verwickelt zu werden.

Am 24. Mai 1999, vier Tage nach seinem Gespräch mit Clinton, stellte der SACEUR im Kreise der sogenannten Quint-CHOD, also der Generalstabschefs der USA, Großbritanniens, Frankreichs, Italiens und des deutschen Generalinspekteurs, verschiedene Möglichkeiten des weiteren militärischen Vorgehens der NATO im Kosovokonflikt vor, wobei er die Option B minus, also die gewaltsame Einnahme des Kosovo durch Landstreitkräfte, als am erfolgsversprechendsten bewertete.

Zunächst skizzierte General Clark den Anwesenden die Feindlage. SHAPE rechnete zu diesem Zeitpunkt mit acht Brigaden der Jugoslawischen Volksarmee innerhalb des Kosovo und mit drei weiteren ostwärts der Provinz in Serbien. Die Planer gingen davon aus, dass den NATO-Kräften 49 000 jugoslawische Soldaten mit 230 feindlichen Kampfpanzern, 195 gepanzerten Truppentransportern und 140 Artilleriegeschützen gegenüberstanden. Demgegenüber befänden sich bisher lediglich 14 200 KFOR-Soldaten in Mazedonien und 12 100 Kräfte der AFOR, also der Operation Allied Harbour, in Albanien. Ferner waren die mittlerweile 8000 Mann zählenden Kämpfer der UÇK zu berücksichtigen, denen noch 6000 in Ausbildung befindliche Kräfte folgen sollten. Die Operation sollte spätestens im September beginnen, um die operativen Ziele noch vor Einbruch des Winters, also bis Ende Oktober 1999, umsetzen zu können.

Ein schneller Sieg war aus Sicht des SACEUR die zentrale Voraussetzung für den Erfolg einer solchen Operation. Es war nicht auszudenken, wenn die Medien bei einer längeren Mission immer wieder die eigenen Verluste oder zivile Opfer zeigten und dadurch die Unterstützung in der Bevölkerung der NATO-Staaten wegbrechen sollte. In diesem Fall würde nämlich genau das eintreten, was durch diese Landoperation vermieden werden sollte. Daher beabsichtigte der SACEUR die jugoslawische Armee zunächst durch massive Luftschläge von Verstärkungen und Logistik abzuscheiden, um sie dann mit überlegenen Kräften von

Operative Idee Angriff Landstreitkräfte

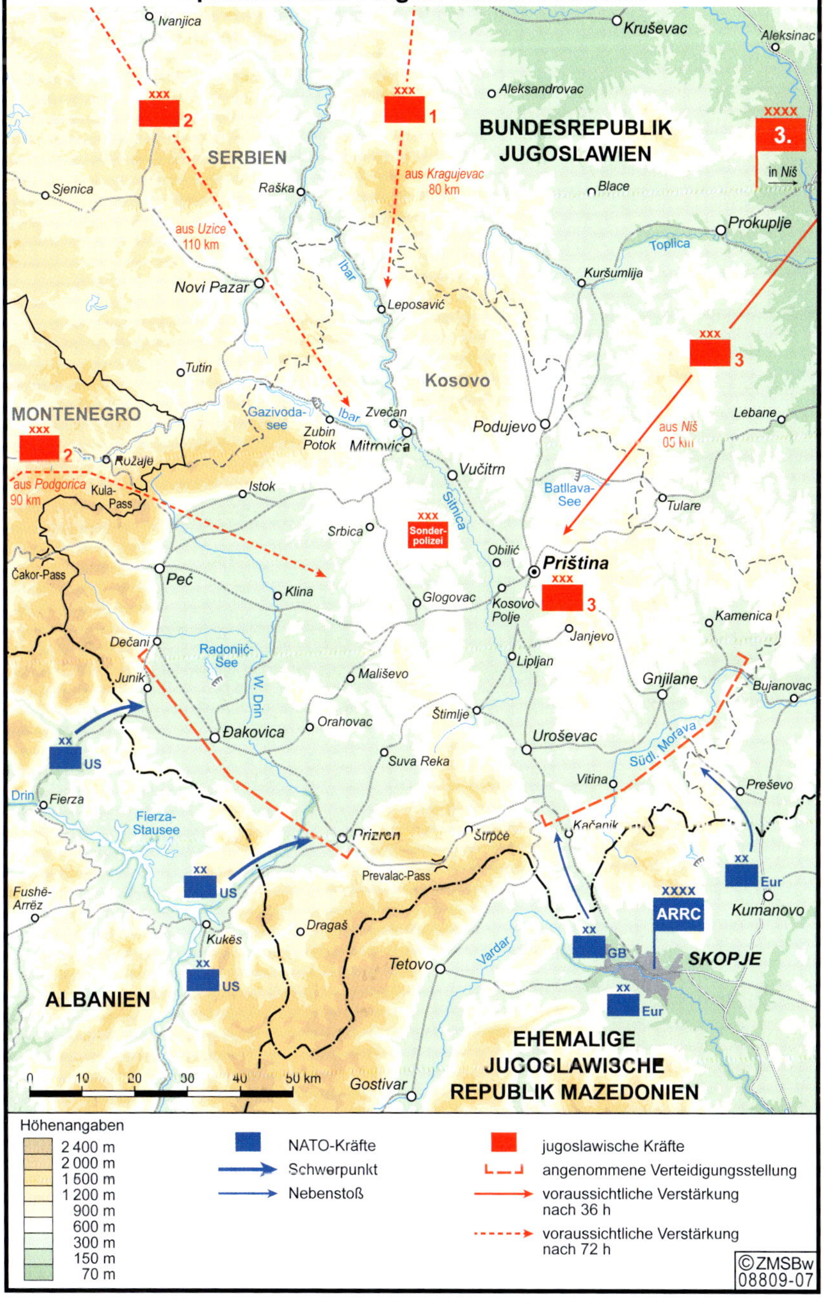

sechs Divisionen anzugreifen. Sollten die gegnerischen Kräfte durch die Luftangriffe bereits schwere Verluste erlitten haben, könnte die Anzahl der eigenen Divisionen auf drei bis vier reduziert werden.

Mit einer Gesamtstärke von 100 000 Mann gliederten sich die NATO-Landstreitkräfte in drei Korps mit je zwei Divisionen, die von einem operativen Hauptquartier vor Ort geführt wurden. Nachdem der NATO-Rat den Einsatzbefehl gegeben hätte, sollte eine Vorbereitungszeit von 75 Tagen bis zum Angriffsbeginn folgen. Im Schwerpunkt sollte der Angriff auf die serbischen Kräfte im Kosovo durch drei US-Divisionen aus Albanien erfolgen, die sich jeweils in zwei bis drei operative *Maneuver Groups* (Gefechtsverbände) untergliederten. Flankiert wurde der Hauptstoß durch drei aus Mazedonien heraus angreifende europäische Divisionen. Wie bereits im Luftkrieg würden die USA also die Hauptlast des Angriffs tragen. Das stärkste europäische Teilkontingent stellte Großbritannien mit 50 000 Mann. Der SACEUR rechnete aber auch mit einem deutschen Beitrag von zwei verstärkten mechanisierten Brigaden, die insgesamt 16 000 Soldaten zählten.

Der errechnete Gesamtkräftebedarf der Angriffsoperation war jedoch weitaus höher. Neben den 100 000 Mann, die das Kosovo einnehmen sollten, benötigte Clark weitere 75 000 Soldaten, die den Raum an den Grenzen des Kosovo und im rückwärtigen Gebiet sowie die Nachschublinien sicherten. Außerdem sollte das politisch instabile Mazedonien gestützt werden, da das Land als Ausgangsbasis für die Operation und als Durchmarschroute von zentraler Bedeutung war. Darüber hinaus bestand die Gefahr, dass auch in Montenegro Unruhen entstehen könnten. Außerdem mussten Bosnien-Herzegowina weiterhin stabilisiert sowie Aufnahmelager für Flüchtlinge aus dem Kosovo eingerichtet werden.

Abgesehen davon, dass die anwesenden Generalstabschefs die Kampfkraft der jugoslawischen Armee geringer und damit den Kräfteansatz der NATO als zu hoch bewerteten, stimmten sie der Einschätzung des SACEUR zu, so auch der deutsche Generalinspekteur General Hans-Peter von Kirchbach. Eine Vorbereitungszeit von 75 Tagen hielt man allerdings für sehr knapp. Der britische Generalstabschef verwies darauf, dass der Einberufung der Reservisten, dem Transport des Großgeräts, den geringen Hafenkapazitäten und der Urlaubszeit Rechnung getragen werden müsse. Der französische Generalstabschef fragte sich, wie lange die Politik benötigen werde, um zu einem Entschluss zu gelangen. Mit einer Entscheidung seiner Regierung rechnete er nämlich nicht vor Ende Juni.

Unbenommen dieser Bedenken sprachen sich die militärische Führung der USA, Großbritanniens und Frankreichs deutlich zugunsten einer Invasion des Kosovo aus. General von Kirchbach hielt entsprechend der Position der Bundesregierung dagegen. Militärisch sei die Option zwar durchführbar, politisch halte er sie jedoch für unmöglich. In Deutschland sei man sich auf allen gesellschaftlichen Ebenen einig, dass eine gewaltsame Einnahme des Kosovo nicht unterstützt werde. Als letzter der Europäer äußerte sich der italienische Generalstabschef zur Option B minus. Er wollte sich nicht festlegen. Eine Unterstützung der Option sei vielleicht denkbar, zum Beispiel mit einem Regiment.

Der Generalinspekteur der Bundeswehr, General Hans-Peter von Kirchbach, hier bei seiner Amtseinführung mit Verteidigungsminister Scharping am 1. April 1999, hielt eine Bodeninvasion vor allem politisch nicht für angebracht.

Nach dieser Besprechung sah sich General von Kirchbach in der Runde der Quint-CHOD mit einer breiten Zustimmung zur Option der Angriffsoperation konfrontiert, über deren Machbarkeit Einigkeit herrschte. Auch hatte man sich darüber verständigt, dass eine politische Entscheidung des NATO-Rats binnen fünf bis sechs Wochen fallen müsse. Ansonsten stünde diese Option der Politik erst wieder im Frühjahr 2000 zur Verfügung.

Angesichts der Bewertung der Quint-CHOD sowie der starken Befürwortung von britischer Regierung und US-Außenministerium verschob sich Clintons Haltung Ende Mai 1999 zunehmend zugunsten eines Kampfeinsatzes von Landstreitkräften. Obwohl der Luftkrieg der NATO deutlich zeigte, dass sich die Wirkung und der Ausgang militärischer Operationen nicht im Vorhinein berechnen ließen, wogen die politischen Folgen einer Niederlage der NATO gegen einen so viel kleineren Gegner für das Weiße Haus zunehmend schwerer als die innenpolitischen Konsequenzen eigener Verluste. Offensichtlich spielte dabei die militärische Glaubwürdigkeit eine nicht zu unterschätzende Rolle.

Als unmittelbare Folge des Treffens der Quint-CHOD kamen auf Druck Großbritanniens nur zwei Tage später die Verteidigungsminister der USA, Großbritanniens, Frankreichs, Italiens und Deutschlands zu einem sechseinhalbstündigen vertraulichen Treffen in Bonn zusammen. Im Einklang mit der Einschätzung der Generalstabschefs verständigten sie sich darauf, auf ihre jeweiligen Regierungen dahingehend einzuwirken, dass eine Entscheidung über einen Angriff mit Landstreitkräften rasch getroffen werden müsse. Großbritannien unterstrich die Ernsthaftigkeit seines Votums, indem Premierminister Blair kurz darauf die Erstellung von 30 000 Einberufungsbescheiden für Reservisten anordnete. Alles deutete zunehmend auf eine Bodeninvasion ins Kosovo hin. Die alles entscheidende Frage war: Wie würde sich das Weiße Haus verhalten?

Um einen irreparablen Schaden hinsichtlich ihrer Glaubwürdigkeit zu vermeiden, musste sich die NATO in den Augen des Sicherheitsberaters des Weißen Hauses, Sandy Berger, durchsetzen und die Serben zum Verlassen des Kosovo zwingen. Am Abend des 2. Juni 1999 bereitete er ein entsprechendes Memo vor, um eine Entscheidung des US-Präsidenten zu erwirken. Doch dazu kam es nicht mehr, denn am Tag darauf akzeptierte das serbische Parlament den Friedensplan der G8.

Rückblickend lässt sich festhalten, dass sich Europa am Ende des 20. Jahrhunderts an der Schwelle eines großen Kriegs befand, in dem sich eine Viertelmillion Kombattanten und Kämpfer verschiedener Konfliktparteien mit Hunderten Kampfpanzern, Artillerie und mehr als eintausend Flugzeugen gegenübergestanden hätten. Ob es wirklich bei einem kurzen sechs- bis achtwöchigen Waffengang geblieben wäre oder sich ein solcher Krieg in Dauer und Umfang wie bereits die Luftschläge der NATO ausgeweitet hätte, bleibt Spekulation. Die NATO hätte in ihrem ersten Bodenkrieg der viertgrößten konventionellen Streitmacht in Europa gegenübergestanden, deren Kampfwert aufgrund der Erfahrungen in den verschiedenen Kriegen Jugoslawiens nicht unterschätzt werden darf. Sicher, auch innerhalb der NATO gab es kampferfahrene Verbände. So blickten die britischen Streitkräfte auf jahrelange Einsätze in unterschiedlichen Konflikten zurück (auf den Falkland-Inseln, in Nordirland oder auf dem Balkan). Deutsche Landstreitkräfte hatten hingegen seit dem Ende des Zweiten Weltkriegs in keiner militärischen Auseinandersetzung mehr gekämpft. Spätere Erfahrungen der NATO im ISAF-Einsatz (*International Security Assistance Force*), aber auch der US-Truppen und der Briten im Dritten Golfkrieg zeigten zudem, wie schnell selbst eine konventionell massiv überlegene Partei in eine langfristige Auseinandersetzung gezogen werden konnte.

Militärisches Effizienzdenken, das von einer rationalen Steuerbarkeit und Berechenbarkeit des Kriegs geprägt ist, entfaltete im Kosovokrieg in Verbindung mit Zeitdruck eine Dynamik, der sich die Deutschen nicht entziehen konnten. Vieles spricht allerdings dafür, dass Deutschland im Falle einer Bodeninvasion nicht einfach aus dem Bündnis ausgeschert wäre. Bereits beim Beschluss des Einsatzbefehls der Operation Allied Force im NATO-Rat am 13. Oktober 1998 hatten die NATO-Partner der Bundesregierung unmissverständlich klargemacht, dass sie aus Gründen der Legitimität und Glaubwürdigkeit auch eine Beteiligung deutscher Soldaten erwarteten. Deutschland hätte wahrscheinlich versucht, sich mit einem Minimum an Kräften, allen voran beim Sanitätsdienst und bei der Logistik, einzubringen. Da der SACEUR aber mit zwei verstärkten deutschen Kampftruppenbrigaden in einem Umfang von 16 000 Mann rechnete, stellt sich die Frage, ob vor allem die USA und Großbritannien, aber auch die anderen NATO-Partner, bereit gewesen wären, die absehbaren Verluste einer Angriffsoperation weitestgehend allein zu tragen. Eines ist jedoch im Falle einer deutschen Beteiligung mit an Sicherheit grenzender Wahrscheinlichkeit anzunehmen: Sie hätte zum Zerbrechen der rot-grünen Koalition geführt.

➚ Eine Satellitenanlage im 170 Kilometer südwestlich von Belgrad gelegenen serbischen Städtchen Prilike liegt nach einem Luftangriff der NATO vom 13. April 1999 in Trümmern.

7 Einsatzerfahrungen: Entscheidend ist das Gefühl, das Richtige zu tun

Die Perspektive jener Soldaten, die die Beschlüsse der Politik umzusetzen hatten, war freilich eine andere. Genauso wenig wie ihre Heereskameraden der *Extraction Force* Ende 1998 wissen konnten, dass aus ihrem Schutzauftrag für die OSZE-Beobachter später der KFOR-Einsatz mit Stabilisierungsauftrag werden sollte, konnten die deutschen Tornadobesatzungen im Sommer 1998 ahnen, dass sie im nächsten Frühjahr inmitten eines Luftkriegs kämpfen würden. Für sie war der Einsatz im Luftraum über dem Balkan zunächst nichts Neues. Das seit 1995 in Norditalien stationierte Einsatzgeschwader 1 hatte bereits während der Operation Deliberate Force in Bosnien effektiv zum Schutz der Schnellen Eingreiftruppe beigetragen.

In den folgenden Jahren blieben die 14 Tornados im oberitalienischen Piacenza stationiert und unterstützten zunächst die mit der Durchsetzung des Friedensabkommens beauftragte IFOR- bzw. SFOR-Folgemission. Die sich allmählich bessernde Sicherheitslage in Bosnien erlaubte bereits 1997 die Rückverlegung der ECR-Tornados auf ihre Heimatbasis ins bayerische Lechfeld. Von dort aus waren sie durch eine 96-Stunden-Bereitschaft jedoch weiterhin für den Einsatz über Bosnien verfügbar. In regelmäßigen Abständen flogen Besatzungen in den Luftraum über Bosnien, um mit ihrem potenziellen Einsatzgebiet und den operativen Abläufen vertraut zu bleiben.

Als der Kosovokonflikt im Frühjahr 1998 eskalierte und sich die deutschen Tornados im Juni 1998 an der Show-of-Force-Operation *Determined Falcon* beteiligen sollten, war das aus den Tornados des Aufklärungsgeschwaders 51 »Immelmann« in Schleswig und den ECR-Tornados des Jagdbombergeschwaders 32 in Lechfeld bestehende Einsatzgeschwader 1 bereits ein eingespieltes Team. In den vergangenen drei Jahren hatte das Geschwader 3731 Aufklärungsflüge und 1956 Einsätze mit den ECR-Tornados absolviert. Auch die Familien der Soldaten waren an den Einsatz in Piacenza gewohnt. Zudem gab es zu diesem Zeitpunkt keinerlei Hinweise auf einen bevorstehenden Luftkrieg. In-

Eine unbemannte Drohne vom Typ A CL-289 startet im mazedonischen Tetovo zu einem Aufklärungsflug (16. Februar 1999). Das deutsche Heer beteiligte sich mit 162 Aufklärungsflügen an der Operation Allied Force.

sofern unterschied sich dieser neue Auftrag zu Beginn kaum von der Unterstützung der SFOR in Bosnien.

Nachdem der NATO-Rat am 24. September 1998 die Einsatzwarnung für die Operation Allied Force beschlossen hatte, versammelte sich die NATO-Luftflotte im Adria-Raum. Innerhalb von 24 Stunden nach ihrer Alarmierung mussten auch die deutschen ECR-Tornados nach Piacenza verlegt werden. Dort erhielten die Besatzungen ihre *Air-Tasking-Order* (ATO). Zwar hatten die deutschen Soldaten die Ereignisse im Kosovo sowie die politischen Lösungsversuche in den Medien verfolgt, doch sie erkannten erst jetzt, dass sie möglicherweise vor ihrem ersten Kampfeinsatz standen. In den jeweils für die Dauer von 24 Stunden gültigen ATOs war der detaillierte Angriffsplan des *Combined Air Operations Center* (CAOC) der NATO enthalten. Die Bomber bekamen darin ihre Angriffsziele zugewiesen und die ECR-Tornados ihren Verantwortungsbereich, in dem sie die Bomber vor den serbischen Flugabwehrraketenstellungen zu schützen hatten. Gleiches galt für die zum Schutz vor gegnerischen Flugzeugen eingesetzten Jäger. Auch Störflugzeuge vom Typ Grumman EA-6 Prowler sollten die Missionen begleiten und durch elektronische Kriegführung die gegnerische Funkkommunikation stören.

Allein über dem Kosovo, einem kleinen Gebiet, welches ein Tornado innerhalb von zweieinhalb Minuten überfliegen konnte, hätten sich zum Operationsbeginn zeitgleich etwa 50 Flugzeuge befunden. Um ein reibungsloses und vor allem militärisch effektives Zusammenwirken zu ermöglichen, gab die ATO diesen Flugzeugen gewissermaßen ein Drehbuch vor: Sie enthielt Startzeiten, Flugrouten, wies die Zeitfenster zur Luftbetankung zu und legte die Einsatzdauer im gegnerischen Luftraum sowie Frequenzen und Rufzeichen fest.

Am 13. Oktober 1998 erfuhren die Besatzungen mit Erleichterung vom Einlenken Miloševićs. Endlich, so schien es, war der Anfang eines vielversprechenden Friedensprozesses gemacht. Nach 10 Tagen Aufenthalt in Piacenza kehrten die deutschen ECR-Tornados zurück nach Lechfeld. Die Gefahr schien gebannt.

Als die Sicherheitslage im Kosovo mit dem Massaker von Račak am 15. Januar 1999 abermals eskalierte, begannen nur wenige Tage darauf erneut Vorbereitungen für die phasenweisen Luftschläge der Operation Allied Force. Inzwischen waren drei Monate vergangen, sodass der

Operationsplan einer Aktualisierung bedurfte. Daher trafen sich Ende Januar erfahrene Besatzungsmitglieder aller beteiligten NATO-Staaten auf der italienischen Luftwaffenbasis in Aviano, um neue ATOs zu entwerfen.

Von großer Bedeutung für die ECR-Tornados war die Regelung, dass der Beschuss einer gegnerischen Flugabwehrraketenstellung nicht wie in Bosnien der Bestätigung durch den Wing Man, also des zweiten ECR der stets als Rotte aus zwei Flugzeugen fliegenden Tornados, bedurfte. Für die deutschen Besatzungen stellte das eine enorme emotionale Erleichterung dar, schließlich konnte jede Sekunde über Leben oder Tod entscheiden.

Technisch waren die ECR-Tornados der Luftwaffe auf dem neuesten Stand. So verfügte das zweisitzige Mehrzweckkampfflugzeug über ein integriertes *Emitter Locater System* (ELS), welches die Erfassung und Verfolgung mobiler Ziele erlaubte. Im Gegensatz dazu befand sich das ELS der amerikanischen F-16 Fighting Falcon in externen Pods und arbeitete etwas langsamer als das deutsche System. Bewaffnet mit zwei HARM-Raketen konnten die deutschen ECR-Tornados die gegnerische Flugabwehr passiv unterdrücken (durch die bloße Anwesenheit im gegnerischen Luftraum) oder aktiv bekämpfen.

Die serbische integrierte Flugabwehr arbeitete überwiegend mit einem mobilen Flugabwehrraketensystem mittlerer Reichweite. Es war sowjetischer Herkunft und trug den NATO-Codenamen SA-6 Gainful. Ebenso kam das ältere System SA-3 GOA zum Einsatz. Das SA-6 Gainful bestand aus einer Aufklärungs- und Leitstation sowie mehreren Startrampen mit jeweils drei Flugabwehrraketen. Trotz der großen Flughöhe der NATO-Jets dauerte es nur 30 Sekunden, bis eine Rakete ihr Ziel erreichte. Erfasste und verfolgte eine solche Stellung NATO-Flugzeuge mit ihrem Radar, gab sie dabei Radarstrahlung ab, die durch die ELS der Tornados erkannt wurde. Sobald das geschah, verschossen die deutschen Tornados ihre HARM-Raketen, die der Radarsignatur der serbischen Stellung folgten. In der Folge schalteten die serbischen Flugabwehrraketenstellungen ihre Radargeräte meist nur kurz ein, um einer Aufklärung zu entgehen, konnten dadurch jedoch kaum wirken.

Zur aktiven Unterdrückung der Flugabwehr verschossen die deutschen ECR-Tornados ihre HARM-Raketen auf durch die NATO-Aufklärung identifizierte Flugabwehrraketenstellungen oder auf jene, die sie

Das von der serbischen Flugabwehr genutzte System SA-6 Gainful bestand aus einer Aufklärungs- und Leitstation sowie Startrampen mit jeweils drei Flugabwehrraketen.

während des Einsatzes durch ihre ELS identifiziert hatten. Da letztere eine unmittelbare Bedrohung der NATO-Flugzeuge darstellten, wurden die HARM erst am Ende des Einsatzes auf die in der sogenannten Library des Tornados gespeicherten Stellungen verschossen. Bei der Library handelte es sich um eine Datenbank, die nach jeder Landung aktualisiert wurde und deren Inhalte sich aus Aufklärungsergebnissen speisten. Ein komplexes Netzwerk aus Satelliten, Drohnen, Seefernaufklärern und Flottendienstbooten zur Funkaufklärung, aber auch nachrichtendienstlichen Aktivitäten generierte dabei das Lagebild der NATO. Die serbische Flugabwehr reagierte auf diese Angriffe, indem sie häufig ihre Stellungen wechselte, Attrappen einsetzte und über Falschmeldungen die erfolgreiche Bekämpfung eigener Stellungen simulierte.

Bereits am 21. Januar 1999 waren die ECR-Tornados wieder nach Piacenza verlegt worden, und die Vorbereitungen auf einen potenziellen Einsatz hatten abermals begonnen. Anfang Februar 1999 ließ die Friedenskonferenz in Rambouillet dann erneut auf eine friedliche Beilegung des Kosovokonflikts hoffen. Noch Anfang März nahmen Besatzungen der ECR-Tornados an einer regulären sogenannten Red-Flag-Exercise in Las Vegas teil, um Einsatzflüge möglichst realitätsnah zu

Angesichts der zugespitzten Lage im Kosovo hatte die Bundeswehr am 21. Januar 1999 acht ECR-Tornados von ihrem Fliegerhorst Lechfeld auf den italienischen Militärstützpunkt Piacenza verlegt.

üben. Das Scheitern der Pariser Verhandlungen kam für die deutschen Besatzungen dann relativ überraschend.

Noch am 22. März 1999 wurden einige jüngere Besatzungsmitglieder, die seit Wochen in Piacenza stationiert waren, gegen Erfahrenere ausgetauscht, die eiligst aus den USA zurückgekehrt waren. Das lief nicht immer ohne Spannungen in dem inzwischen auf eine Gesamtstärke von 458 Soldaten angewachsenen Einsatzgeschwader 1 ab. Auch die jüngeren Piloten und Waffensystemoffiziere hatten jahrelang für den Ernstfall trainiert und wollten ihr Können unter Beweis stellen. Darüber hinaus spielte es im Selbstverständnis der Jagdbomberbesatzungen sehr wohl eine Rolle, wer am ersten Kampfeinsatz deutscher Soldaten nach dem Ende des Zweiten Weltkriegs beteiligt sein würde.

Der Stolz darauf, sich im Kampf bewähren zu können, zeigte sich auch in Ärmelpatches, die in Anspielung auf die *Flag-Exercises* »Serb-Flag« genannt wurden. Die Aufnäher, auf denen eine HARM-Rakete abgebildet war, die das jugoslawische Wappen durchbohrte, wurden in den Stufen Participant und HARM-Shooter vergeben. Sie dienten der gegenseitigen Bestätigung sowie der Anerkennung, in einer lebensgefährlichen Situation bestanden sowie einen Auftrag erfolgreich und professionell ausgeführt zu haben.

Als am 24. März 1999 die Operation Allied Force schließlich begann, stieg die Anspannung unter den Soldaten des Einsatzgeschwaders 1 in Piacenza. Der heutige Oberst i. G. Oliver Eckstein erinnert sich, wie er als Major und Waffensystemoffizier eines ECR-Tornados den 24. März 1999 erlebte:

> Wir waren in einem Hotel in der Nähe des Flugplatzes untergebracht. Eigentlich wollte ich angesichts des bevorstehenden Einsatzes etwas länger schlafen. Daraus wurde nichts. Die Gedanken an meinen bevorstehenden Auftrag trieben mich offenbar um. Vom Hotel aus telefonierte ich am späten Vormittag noch einmal mit meiner Frau. Dann machten wir uns auf den Weg zum Stützpunkt.

Insgesamt bereiteten sich sechs Besatzungen auf den Einsatz vor, die jeweils aus einem Piloten und einem Waffensystemoffizier bestanden. Grundsätzlich wurde in zwei Rotten mit je zwei Jets geflogen; hinzu kam je eine Reservemaschine für den Fall technischer Schwierigkeiten. Auf diese Weise konnten die Tornados des Einsatzgeschwaders 1 im zugewiesenen Einsatzraum über drei Stunden hinweg die feindliche Flugabwehr unterdrücken, was als *Suppression of Enemy Air Defence* bezeichnet wird. Dazu flogen zunächst immer zwei Maschinen 45 Minuten lang über dem feindlichen Gebiet, während die anderen beiden zum Nachtanken eine Betankungsbox über der Adria anflogen, um anschließend wiederum die ersten beiden Tornados abzulösen. Jede Zweier-

Um zwei Einsätze über dem Gebiet fliegen zu können, mussten die Maschinen in der Luft betankt werden.

formation absolvierte auf diese Weise zwei Einsätze über feindlichem Gebiet.

Bei den Betankungsboxen handelte es sich um eine definierte Zone über der Adria, in der ein Tankflugzeug, wie die McDonnell Douglas KC-10 Extender, kreiste. Gemäß zugewiesener Zeitfenster wurde dann getankt. Die Betankung war allerdings nicht einfach: Die Piloten mussten mit ihrem Luftbetankungsausleger einen Korb am Ende eines 23 Meter langen Schlauches treffen, und das trotz Müdigkeit, bei Nacht und nach dem Stress eventueller Gefechte im Einsatzraum. Angesichts von 300 Einsatzflügen zu Beginn der Operation Allied Force und 700 im Mai 1999 war eine ganze Reihe dieser Tankflugzeuge über der Adria unterwegs.

Oberst i. G. Eckstein berichtete weiter:

> Nach den Einsatzbriefings und Vorbereitungen nahm ich den Ehering mit dem eingravierten Datum meiner Hochzeit und dem Na-

men meiner Frau ab. Ich entfernte alle Patches von meiner Fliegerkombi mit Ausnahme meines Namensbandes, damit ich im Falle einer Gefangennahme keinem Verband zugeordnet werden konnte. Dann steckte ich das für diese Fälle vorgesehene Handgeld in Höhe von 2000 DM, meine Pistole sowie ein spezielles vom Luftwaffenführungskommando ausgegebenes Taschentuch ein. Darauf war in vier Sprachen zu lesen: »Ich bin Deutscher. Ich kann Ihre Sprache nicht sprechen. Durch ein Missgeschick bin ich auf Ihre Hilfe angewiesen. Bitte gewähren Sie mir Schutz, Nahrung und Unterkunft. Bringen Sie mich zu jemandem, der gewillt ist, für meine Sicherheit zu sorgen und mich zu meinen Leuten zurückzuführen. Ich werde alles tun, dass Ihnen dadurch kein Schaden entsteht. Meine Regierung wird Sie dafür belohnen.«

Es war ein bizarrer Tag. Keiner wusste genau, was auf uns zukam. Wir sind dann früher als sonst in die Cockpits, um noch genügend Zeit für die Checklisten zu haben, die wir eigentlich auswendig konnten. Auch die üblichen lockeren Sprüche unserer Techniker blieben aus – stattdessen betretenes Schweigen. Gedanken schossen einem durch den Kopf: Wie würde sich der Tornado beim Abschuss einer HARM verhalten? In den Truppenversuchen waren die Raketen von den Unterflügelstationen des Tornados verschossen worden. Im Gegensatz dazu waren die HARM nun standardmäßig unter dem Rumpf befestigt. Außerdem hatten wir gehört, dass bei einem Truppenversuch der Raketenmotor das Triebwerk einer Phantom F4G ausgeblasen hatte. Würden wir am Ende unsere Triebwerke in der Luft über feindlichem Gebiet neu starten müssen?

Gerade als die Ground Operations [Flugvorbereitungen] fertig waren, ging die Sonne über dem Stützpunkt unter. Völlig in mich gekehrt und in mich zurückgezogen, saß ich wartend auf dem Sitz hinter dem Piloten. Als nach bald einer Stunde die Freigabe vom Tower kam, zündeten wir unsere Nachbrenner und hoben in den bereits dunklen Nachthimmel ab. Am Zaun des Flugplatzes verfolgten deutsche Journalisten aufmerksam das Geschehen. Die Maschine flog die Adria hinunter, um im Luftraum über Albanien und Mazedonien betankt zu werden. Durch einen dünnen Wolkenschleier hindurch konnten wir aus dem Cockpit unseres ECR-Tornados die Lichtblitze der am Boden einschlagenden Tomahawks sehen – ein geradezu gespenstisches Szenario. Dann flog die Maschine in den südlichen Zipfel des Kosovo ein. Sofort blinkten die Anzeigen auf und zeigten mir eine serbische SA-6-Stellung an, die uns mit ihrem Radar erfasst hatte. Da gefriert einem das Blut. Zur Veränderung unserer Radarsignatur löste ich sofort Chaffs [Täuschkörper gegen feindliche radargelenkte Flugabwehrraketen] aus und leider auch Infrarotkugeln gegen wärmesuchende Raketen. Sofort wurde der Nachthimmel hinter uns durch ein leuchtendes Rot erhellt. »Mist!«, dachte ich. Man muss dann eine gewisse Frustrationstoleranz gegen die Fehler, die anfänglich nicht ausbleiben, entwickeln und konzentriert weitermachen.

Jedes Mal, wenn wir unseren Nachbrenner zündeten, wurde der Nachthimmel unter uns von Garben roter Punkte durchschnitten – serbische Flugabwehrkanonen. Der Nachbrenner machte uns weithin sichtbar. Zum Glück reichten die meisten dieser Waffensysteme nicht bis in unsere Höhe und die Geschosse fielen wieder zu Boden. Plötzlich meldete die AWACS, die den Einsatz als fliegender Gefechts-

Beispielhafte Zusammensetzung eines Einsatzes während der Operation ALLIED FORCE 1999

Nationalität	Anzahl	Flugzeugtyp	Aufgabe	Rufzeichen
	4	F-16 AM	Fighter Sweep (Jagdschutz)	Blade 11
	4	F-16 CJ	Suppression of Enemy Air Defences (Unterdrückung feindlicher Luftabwehr)	Beretta 31
	2	F-16 CJ	Suppression of Enemy Air Defences (Unterdrückung feindlicher Luftabwehr)	Arrow 51
	2	F-16 CJ	Suppression of Enemy Air Defences (Unterdrückung feindlicher Luftabwehr)	Arrow 53
	2	Tornado ECR	Suppression of Enemy Air Defences (Unterdrückung feindlicher Luftabwehr)	Cannon 21
	2	Tornado ECR	Suppression of Enemy Air Defences (Unterdrückung feindlicher Luftabwehr)	Rocket 41
	2	EA-6B	Suppression of Enemy Air Defences/Jammer (Unterdrückung feindlicher Luftabwehr/Störer)	Bow 21
	4	F-16 CG	Air Strike (Luftangriff)	Mazda 21
	2	F-15 E	Air Strike (Luftangriff)	Mustang 01
	2	F-15 E	Air Strike (Luftangriff)	Austin 11
	4	CF-18	Air Strike (Luftangriff)	Honda 81
	3	Harrier GR-7	Air Strike (Luftangriff)	Spider 71
	3	Harrier GR-7	Air Strike (Luftangriff)	Audi 61

Anzahl gesamt: 36

Quelle: Oberst i.G. Oliver Eckstein.

Idealtypischer Einsatzflug von ECR-Tornados während der Operation Allied Force

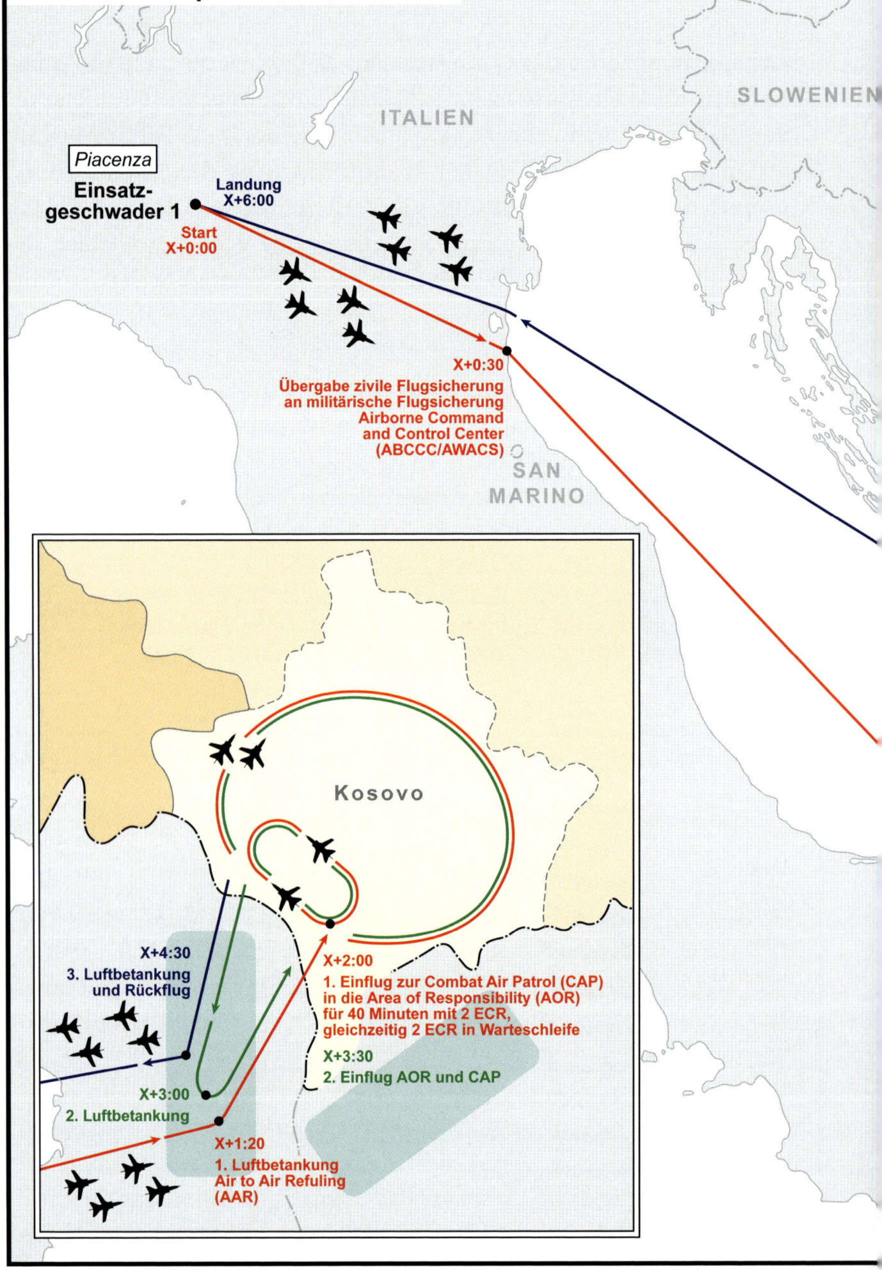

UNGARN
RUMÄNIEN
KROATIEN
Vojvodina
BOSNIEN – HERZEGOWINA
BUNDESREPUBLIK JUGOSLAWIEN
SERBIEN
Luftraumüberwachung und Einsatzführung durch AWACS (Airborne Early Warning and Control System)
MONTENEGRO
Kosovo
BULGARIEN
EHEMALIGE JUGOSLAWISCHE REPUBLIK MAZEDONIEN
ALBANIEN
GRIECHENLAND
Luftbetankungsraum
Die Zuweisung zu einem Luftbetankungsraum erfolgt je nach Verfügbarkeit.
Quelle: Oberst i.G. Oliver Eckstein.
©ZMSBw 08812-06

stand operativ führte, einen feindlichen Jäger, der sich auf uns zubewegte, eine MIG-29. Sofort drehte eines unserer Jagdflugzeuge, eine niederländische F-16, bei. Nachdem die AWACS die MIG als feindliches Flugzeug bestätigt hatte, begann die F-16 ihren Angriff und feuerte ihre AMRAAM [AIM-120 AMRAAM, Advanced Medium-Range Air-to-Air Missile, radargelenkte Luft-Luft-Rakete] ab. In der Zwischenzeit errechnete ich die Entfernung, bis wir hätten umkehren müssen – es waren gerade noch fünf Meilen. Der Tornado ist nämlich nicht für den Luftkampf gegen einen Jäger wie die MIG-29 ausgelegt. Doch kurz darauf sahen wir, wie sich die brennende MIG in Richtung Boden bohrte.

Inzwischen hatten wir seit 35 Minuten Schleifen über unserem Einsatzgebiet geflogen. Wir verschossen unsere HARM dann auf die Koordinaten eines serbischen Radarfrühwarngerätes, verließen den Luftraum und nahmen unseren Wing Man, den zweiten Tornado, auf. Nach unserer Rückkehr herrschte nicht nur bei uns ein Gefühl großer Erleichterung. Auch die Kameraden in Piacenza waren froh, uns alle unversehrt wiederzusehen. Gleichzeitig waren wir stolz auf das Geleistete, verbunden mit einem Gefühl, dass NATO-Besatzungen aus ganz verschiedenen Mitgliedstaaten füreinander eingestanden hatten. Man kannte sich ja teilweise durch die gemeinsamen Übungen, einige Stimmen habe ich am Funk tatsächlich wiedererkannt. Das schweißt zusammen. Nach sechseinhalbstündigem Einsatz rief ich meine Frau an. Anscheinend hatte die Presse die Meldung verbreitet, ein deutsches Flugzeug sei nicht zurückgekehrt. Vermutlich hatten die Journalisten in der Dunkelheit die Ersatzmaschinen, die ja nicht gestartet waren, fälschlicherweise mitgezählt. Wir haben dann vereinbart, dass ich meiner Frau nicht mehr sage, wenn ich einen Einsatzflug habe.

Dass man einen vermeintlich unterlegenen Gegner hinsichtlich seines Durchhaltewillens oder seiner Fähigkeiten nicht unterschätzen durfte, führte der Abschuss eines amerikanischen F-117-Stealth-Bombers durch eine 13 Kilometer entfernte Flugabwehrraketenstellung in der Nacht vom 27. auf den 28. März 1999 allen Beteiligten drastisch vor Augen. Obwohl der Abschuss offiziell nie abschließend aufgeklärt wurde, spricht vieles dafür, dass die SA-3-Stellungen der jugoslawischen

250. Luftverteidigungsbrigade die Wellenlänge ihrer Radarstationen auf den langwelligen Meterwellenbereich umgestellt und so zumindest eine Teilsignatur der F-117 erfasst hatten.

Bei der Öffnung des Bombenschachtes über dem Zielgebiet stieg zudem der Radarquerschnitt des Flugzeugs. Das kann erklären, warum die Maschine erst, als das Radargerät zum dritten Mal angeschaltet wurde, erfasst wurde. Nachdem die SA-3-Stellung beim zweiten Anschalten Signaturfragmente ausgemacht hatte, ohne jedoch das feindliche Flugzeug ausreichend erkennen zu können, befahl der jugoslawische Kommandeur, das Radar erneut einzuschalten. Dies entsprach nicht der eigentlichen Verfahrensweise, wonach die Geräte zum Eigenschutz höchstens zwei Mal für nicht länger als 20 Sekunden aktiviert werden sollten.

Jugoslawische Soldaten untersuchen die Überreste eines amerikanischen F-117-Stealth-Bombers, der in der Nacht vom 27. auf den 28. März 1999 40 Kilometer westlich von Belgrad von einer serbischen Flugabwehrrakete abgeschossen worden war.

Häufig absolvierten die Piloten vier bis fünf Flüge in Folge.

Dass die US-Luftwaffe die F-117 üblicherweise durch F-16 CJ mit ECR-Fähigkeiten begleiten ließ, spricht dafür, dass ihr die Problematik der teilweisen Sichtbarkeit nicht unbekannt war. Umso erstaunlicher ist es, dass die Bomber einer offensichtlich gefährlichen Routine folgten, indem sie ihre Angriffe wohl stets nach dem gleichen Plan flogen. In diesem Fall siegte eine Technologie aus den späten 1950er Jahren in Verbindung mit Einfallsreichtum und Improvisationsvermögen über die Routine und den Technologieglauben der Jahrtausendwende.

In den folgenden Tagen setzte die NATO ihre Luftangriffe unter der Beteiligung von mindestens vier Bundeswehrmaschinen in unverminderter Intensität fort. Für die Besatzungen jener Tornados, die als Ersatzflugzeuge im sogenannten Ground Alert in Bereitschaft standen, da sie binnen 20 Minuten in der Luft hätten sein müssen, war dies sogar belastender als die Einsatzflüge selbst. In Decken gehüllt warteten sie abflugbereit in den Cockpits sitzend.

Kaum war Phase II plus durch den NATO-Rat am Abend des 30. März 1999 beschlossen, begann nicht nur die Ausweitung der Luftangriffe auf das gesamte Gebiet der Bundesrepublik Jugoslawien einschließlich der Stadt Belgrad und die Bombardierung von Regierungsgebäuden sowie staatlichen Medieneinrichtungen. Sondern die Flüge fanden ab dem 31. März 1999 auch rund um die Uhr statt. Damit entfiel der Schutz der Nacht, weshalb die deutschen Tornadobesatzungen sich nun mit ihrer besseren Sichtbarkeit für die serbische Flugabwehr auseinandersetzen mussten. Der Abschuss des F-117-Stealth-Bombers, eines hochtechnisierten und vermeintlich deutlich überlegenen Flugzeuges, hatte alle aufgeschreckt.

In den folgenden Tagen gewannen die deutschen Besatzungen zwar immer mehr an Routine, trotzdem zehrte die anstrengende Aufgabe an den Kräften. Täglich waren sie in den sechseinhalb bis acht Stunden im Cockpit einem ständigen Wechsel zwischen höchster Konzentration bzw. Anspannung einerseits sowie ruhigeren Phasen andererseits ausgesetzt. Nach vier, spätestens fünf Flügen in Folge war eine Pause zwingend nötig. Daher flogen die Männer in der Regel vier Tage hintereinander und pausierten anschließend für drei Tage. Nach vier Wochen in Piacenza ging es zur Regeneration für drei Wochen zurück an den Heimatstandort, dann folgte wieder eine vierwöchige Einsatzphase.

Neben den Anstrengungen des Flugbetriebes und der Bedrohung durch feindliche Kräfte und der damit verbundenen Gefahr für Leib und Leben waren die Tornadobesatzungen noch mit ganz anderen psychischen Belastungen konfrontiert. So fand der Waffensystemoffizier eines Tornados einen gerade vom Einsatz zurückgekehrten Kameraden sitzend im Gang eines Gebäudes des Stützpunktes. Er hatte den Kopf in eine Hand gestützt und starrte auf einen Zettel mit den jüngsten Aufklärungsergebnissen. Darunter befand sich auch der Notruf einer jugoslawischen Flugabwehrraketenstellung, die nach einem Raketentreffer Tote und Verwundete zu beklagen hatte. Auf die Koordinaten dieser Stellung hatte der Kamerad kurz zuvor seine HARM abgefeuert. Noch Stunden später sah man ihn mit dem Zettel in der Hand auf dem Gang sitzen.

Am Donnerstag, dem 14. April 1999, hatten die deutschen ECR-Tornados gerade ihre zweite Runde über ihrem Einsatzgebiet im Kosovo

Bilder des irrtümlich von NATO-Fliegern am 14. April 1999 angegriffenen Flüchtlingskonvois sorgten weltweit für Entsetzen.

beendet und wollten sich auf den Rückflug nach Piacenza machen, als ein amerikanischer *Airborne Forward Air Controller* einen Konvoi der jugoslawischen Armee entdeckte und von der AWACS die Entsendung aller verfügbaren Bomber anforderte. Bei den *Airborne Forward Air Controllern* handelt es sich um Flugzeuge, die vorgeschoben im feindlichen Luftraum bereits aufgeklärte Ziele bestätigen, mögliche weitere Ziele identifizieren und »Friendly Fire« sowie Kollateralschäden vermeiden helfen sollen. Da die Bomber nur in Begleitung von ECR-Maschinen wie den deutschen Tornados in den feindlichen Luftraum fliegen durften, hängten die deutschen Besatzungen eine dritte Schicht an und flogen erneut in ihren Einsatzraum über dem Kosovo ein.

Angekommen über dem Zielgebiet begannen die Bomber, einen 10 Kilometer langen Abschnitt der Straße bei Đakovica anzugreifen. Bereits am Vortag hatten sie auf dieser Straße einen militärischen Konvoi unter Beschuss genommen. Plötzlich meldete ein britisches Flugzeug: »Ich sehe Zivilisten!« – eisiges Schweigen auf der Kontrollfrequenz. Kurz darauf hörten die Besatzungen einen Funkspruch der AWACS: »Alle NATO-Flieger den Kosovo-Luftraum sofort verlassen!« Der Einsatz wurde abgebrochen, und sicher machten sich nicht nur die deutschen Besatzungen mit einem mulmigen Gefühl im Bauch auf den Rückweg zu ihrem Stützpunkt.

Dann wurde das Gefühl zur traurigen Gewissheit. Weltweit berichteten die Abendnachrichten vom Beschuss eines Flüchtlingskonvois. 73 Männer, Frauen und Kinder hatten dabei den Tod gefunden. Bereits kurz nach dem Vorfall berichtete die MSNBC live vom Ort des Geschehens. Dramatische Bilder von durch Bomben zerfetzten Traktoren und Anhängern sowie von den Toten gingen tagelang um die Welt. In der Folge sah sich die NATO der heftigsten öffentlichen Kritik während der gesamten Operation Allied Force ausgesetzt.

Trotz aller Vorsichtsmaßnahmen und zweifacher Zielbestätigung sowohl durch den *Airborne Forward Air Controller* als auch durch die AWACS war es zu dieser tragischen Verwechslung gekommen. Obwohl die deutschen Tornadobesatzungen nicht unmittelbar am Geschehen beteiligt waren, sahen auch sie sich mit der Frage nach Verantwortung und Schuld konfrontiert. Anders als in früheren Kriegen bekamen die Flugzeugbesatzungen die unmittelbaren Folgen ihres Handelns zusammen mit der Weltöffentlichkeit live im Fernsehen zu sehen. Bei allen

Besatzungen der Operation Allied Force flog die Last der Verantwortung immer mit, die sich aus dem Abfeuern der Raketen ergab.

Viele der deutschen Soldaten waren fest überzeugt, dass sie durch ihren Einsatz einen wichtigen Beitrag zur Beendigung von schweren Menschenrechtsverletzungen, von Mord und Vertreibungen im gemeinsamen multinationalen Rahmen der Allianz leisten würden. Dieser Gedanke trieb sie an. Insbesondere die oben geschilderten Vorfälle mit zivilen Opfern, aber auch der moralische Konflikt, für eine gerechte Sache töten zu müssen, weckten aber zwangsläufig Zweifel am eigenen Handeln. Ganz wesentlich für die Soldaten war daher das Vertrauen in die deutsche Politik und das Gefühl, mit dem Rückhalt der deutschen Gesellschaft das moralisch Richtige zu tun.

↗ Ein deutscher Soldat weist zurückkehrenden Flüchtlingen den Weg. Aufgrund von Minenfeldern und zerstörter Infrastruktur war die Heimkehr nicht ungefährlich.

8 Fazit: Der Kosovokrieg – Wegmarke humanitärer Interventionen?

»Wir schlugen auf dem Betonboden der Realpolitik auf.« Mit diesen Worten schilderte der Grünen-Politiker Winfried Nachtwei in einem Zeitzeugengespräch im September 2013 seine Empfindungen nach dem rot-grünen Wahlsieg im Herbst 1998 – damals wurden Bündnis 90 / Die Grünen und die SPD noch während der Koalitionsverhandlungen mit der Frage konfrontiert, ob sich Deutschland an einem Luftkrieg der NATO gegen die Bundesrepublik Jugoslawien beteiligen würde.

Der Einsatz deutscher Streitkräfte jenseits der Landes- und Bündnisverteidigung hatte für beide Parteien ein Tabu dargestellt. Nun entsandte ausgerechnet eine rot-grüne Bundesregierung deutsche Soldaten in den ersten Kampfeinsatz seit dem Ende des Zweiten Weltkriegs. Dabei gelang es ihr jedoch, durch eine äußerst geschickte Politik das Vertrauen

der zunächst misstrauischen Bündnispartner zu gewinnen. Der Preis war die militärische Beteiligung am Luftkrieg der NATO, die erhebliche innenpolitische Konflikte nach sich zog. Der Beutel mit roter Farbe auf dem rechten Ohr des deutschen Außenministers Joschka Fischer steht als Sinnbild für die Proteste. Doch erst durch die Entsendung deutscher Tornados eröffnete sich der Bundesregierung der notwendige außen- und sicherheitspolitische Handlungsspielraum, um den Kosovokonflikt zu bewältigen. Durch seine diplomatischen Bemühungen hatte Deutschland entscheidenden Anteil an der Beendigung des Kosovokriegs. Insofern war die deutsche Beteiligung an der Operation Allied Force politisch und strategisch ein Erfolg.

Ein Konvoi der deutschen KFOR-Einsatzbrigade fährt auf seinem Weg nach Prizren durch die mazedonische Hauptstadt Skopje. Die Menschen setzten große Hoffnungen darauf, dass die KFOR Gewalt und Vertreibungen beenden sowie ein sicheres Umfeld für die Heimkehr der Vertriebenen schaffen konnte.

Die heftige Kritik an der rot-grünen Bundesregierung aus ihren Parteien hätte dabei freilich fast zum Zerbrechen der Regierungskoalition geführt. Dieser enorme Druck hatte aber auch sein Gutes: Er zwang die Bundesregierung, in viel stärkerem Maße nach einer politischen Lösung zu suchen, und verlieh dem deutschen Engagement dadurch ein größeres Maß an Legitimität.

Andererseits hätte auch ein Ausscheren Deutschlands aus der Bündnissolidarität den Luftkrieg nicht beendet. Dessen Ende bedurfte genau wie der Einsatzbefehl des NATO-Rates vom 13. Oktober 1998 eines einstimmigen Beschlusses. Es ist aber mit einiger Sicherheit davon auszugehen, dass andere NATO-Staaten dem Beispiel Deutschlands gefolgt wären. Außerdem orientierten Belgrad und vor allem Moskau ihr Verhalten in einem nicht zu unterschätzenden Maß an Berlin. Die Folge eines deutschen Ausscherens wäre eine zunehmend brüchige Drohkulisse gegenüber Milošević und über kurz oder lang sogar das möglicherweise erfolglose Ende der Luftschläge gewesen. Insofern kann die Bedeutung des deutschen Beitrages zur Operation Allied Force nicht allein an der Anzahl deutscher Flugzeuge und verschossener Raketen gemessen werden. Vielmehr speist sie sich aus der Rolle Deutschlands als wichtiger internationaler Akteur.

Bei einer Beendigung der Operation Allied Force ohne die Belgrader Umsetzung der zentralen fünf Punkte des Friedensplans hätte sich Milošević in jeder Hinsicht gegenüber der NATO und der internationalen Gemeinschaft durchgesetzt. Das betrifft einerseits seine Pläne im Kosovo, die mit massiven Verbrechen gegen die Menschlichkeit verbunden waren, andererseits seine Fähigkeit, sich gegenüber der NATO militärisch zu behaupten. Für die NATO wiederum hätte ein Scheitern unweigerlich die Frage nach der Zukunft der Allianz aufgeworfen. Außerdem hätte sie sich dem Vorwurf ausgesetzt, die humanitäre Katastrophe erst ausgelöst zu haben, welche durch die Luftschläge ja verhindert werden sollte. Wie hätte sich ein Verlust der Glaubwürdigkeit auf die Zusammenarbeit und das gegenseitige Schutzversprechen der NATO-Mitgliedstaaten ausgewirkt? Wäre die politische Bedeutung des Bündnisses mit Folgen für das internationale Gleichgewicht gesunken?

Angesichts dieser wichtigen Aspekte wird deutlich, warum sich die Regierungen der Allianz für die Fortsetzung und Intensivierung der NATO-Luftschläge entschieden. Dadurch wurde der Druck auf Belgrad erhöht und Zeit für die politische Beilegung des Kosovokonflikts gewonnen. Es war dieser politische Prozess, der in Verbindung mit dem Druckmittel der militärischen Gewalt die notwendigen Voraussetzungen für UNMIK und KFOR schuf. Nur so wurden das Ende der humanitären Katastrophe im Kosovo sowie die Rückkehr der Flüchtlinge möglich.

Die Entscheidung für diesen Krieg und dessen Intensivierung fiel freilich keinem NATO-Staat leicht. In allen innenpolitischen Debatten ging es um die zentrale Frage nach der Legitimität der Luftschläge. Die völkerrechtliche Problematik des fehlenden UN-Mandats verschärfte die Frage danach, ob die Anwendung militärischer Gewalt und damit das Töten zum Schutz von Menschen gerechtfertigt war. Die Vorstellung von der Priorität der Menschenrechte kennzeichnete die Entscheidungsprozesse in den NATO-Staaten ganz wesentlich. Deutlich sichtbar wurde dieses Verständnis in der Intoleranz der westlichen Gesellschaften gegenüber zivilen Opfern und eigenen Verlusten, die sich auch auf die Kriegführung der NATO auswirkte.

Trotz der immensen Kosten bot ein Luftkrieg durch den Einsatz von ferngelenkten Präzisionswaffen zwei Vorteile: Erstens konnte die Zahl ziviler Opfer im Vergleich zu einem Bodenkrieg deutlich geringer gehalten, zweitens konnten dadurch eigene Verluste weitgehend vermieden werden. Im Fall der Operation Allied Force ging das so weit, dass die Flughöhe von mindestens 15 000 Fuß zum Schutz der Flugzeugbesatzungen trotz des schlechten Wetters und daraus resultierender eingeschränkter Wirkungsmöglichkeiten lange beibehalten wurde.

Erst als ein Einlenken Miloševićs ausblieb, erfolgte eine langsame Verschiebung. Der Schutzaspekt verlor an Bedeutung, die Effektivität der Luftschläge stand nun im Vordergrund. Das bedeutete jedoch keineswegs eine grundsätzliche Abkehr vom ursprünglichen Prinzip. Angesichts der innenpolitischen Debatten, die durch die intensive mediale Berichterstattung in Echtzeit geprägt waren, bedeutete das militärische Engagement im Kosovo für die Regierungen der NATO-Staaten eine stetige Gratwanderung zwischen militärischer Effektivität einerseits und der Vermeidung von zivilen Opfern und eigenen Verlusten andererseits.

Paradoxerweise trug die durch dieses Dilemma ausbleibende militärische Wirksamkeit der Operation Allied Force zu einer Ausweitung und Intensivierung der Luftschläge bei und mündete schließlich in die Planungen für eine Invasion mit Landstreitkräften ins Kosovo. Verantwortlich dafür war jedoch ganz wesentlich die Vorstellung von der Berechenbarkeit des Kriegs. Nach dem Scheitern des diplomatischen Prozesses führte dieses militärische Effizienzdenken zu einer Eskalationsdynamik und – mangels politischer Alternativen – zu den Luftschlägen am 24. März 1999. Erst der deutschen Bundesregierung gelang es Anfang April 1999, den politischen Prozess durch die Idee der Einbindung Russlands über die G8 wiederzubeleben. Die Ende April/Anfang Mai 1999 beginnenden Planungen einer Invasion mit Landstreitkräften zeigen jedoch, dass beide Optionen weiterverfolgt wurden. Durch die glaubwürdige Erhöhung militärischen Drucks sollte Milošević zum Einlenken gezwungen werden.

Der Erfolg des deutschen Friedensplans war angesichts der bis zum Schluss hinhaltenden Belgrader Verhandlungstaktik und auch wechselnder russischer Bedingungen lange nicht absehbar gewesen. Daher tendierten die großen drei NATO-Staaten USA, Großbritannien und Frankreich Anfang Juni 1999 zunehmend zum Einsatz von Landstreitkräften. Gleichzeitig bereitete erst diese Entwicklung das Feld für die von Deutschland angestrebte politische Lösung.

Es bleibt also die Frage, ob angesichts der Dynamik von Kriegen und der daraus resultierenden Unwägbarkeiten die Anwendung oder gar schon die Androhung von militärischer Gewalt überhaupt sinnvoll ist. Die Antwort darauf heißt: Srebrenica. Das tragische Massaker unter den Augen der Weltöffentlichkeit und im Beisein eines UN-Bataillons warf auf brutalste Weise die Frage auf, mit der die internationale Gemeinschaft auch bei der Lösung des Kosovokonflikts konfrontiert war: Wie konnten fortgesetzte Menschenrechtsverletzungen und daraus resultierende Flüchtlingsbewegungen in Europa mit all ihren Konsequenzen ohne den Einsatz militärischer Gewalt verhindert werden? Mit einer militärischen Intervention zum Schutz der Menschenrechte war zwangsläufig die Frage nach ihrer Legitimität verbunden. Rechtfertigte die fehlende Schutzfunktion eines Staates gegenüber seinen Bürgern bzw. die Verfolgung dieser Menschen durch den eigenen Staat, dass sich andere Länder in dessen Souveränität durch politische und wirtschaftliche Sanktionen einmischten, im äußersten Fall sogar durch die Androhung und Anwendung militärischer Gewalt?

Der Luftkrieg der NATO gegen die Bundesrepublik Jugoslawien beendete zwar die Kampfhandlungen im Kosovo, hatte aber zuvor zu heftigen Diskussionen über einen Einsatz ohne UN-Mandat geführt. Offensichtlich herrschte in der Öffentlichkeit der 19 NATO-Mitgliedstaaten Konsens darüber, dass die Souveränität eines Staates dem Schutz der Menschenrechte nachgeordnet sei und diese notfalls auch mit militärischer Gewalt verteidigt werden müssten. An der Schwelle zum 21. Jahrhundert waren die westlichen Gesellschaften auch vor dem Hintergrund der Kriege des 20. Jahrhunderts nicht mehr bereit, massenhaften Verfolgungen, Vertreibungen und Verbrechen gegen die Menschlichkeit tatenlos zuzusehen. Trotzdem stand der Vorwurf der Beliebig-

Albanische Frauen trauern um Angehörige, die den serbischen Massakern zum Opfer fielen. Erst nach dem Friedensschluss konnten viele getötete Kosovo-Albaner angemessen bestattet werden.

keit militärischer Interventionen im Raum. Die NATO habe gegen das Völkerrecht verstoßen und es bestehe die Gefahr, dass der Luftkrieg gegen die Bundesrepublik Jugoslawien zu einem Präzedenzfall werde. Manche befürchteten, das Recht des Stärkeren werde Einzug in die internationale Konfliktregelung halten.

Noch auf ihrem Jubiläumsgipfel beschloss die NATO auf Drängen der europäischen Mächte, allen voran Deutschlands und Frankreichs, dass zukünftige militärische Interventionen des Bündnisses auf der Grundlage eines Mandats erfolgen sollten, um das Gewaltmonopol der UN nicht weiter auszuhöhlen. Vor allem aber wurde infolge dessen auf dem UN-Weltgipfel der Staats- und Regierungschefs im September 2005 in New York eine »Responsibility to Protect«, eine ›Schutzverantwortung‹, definiert. Darin ist die Überzeugung verankert, dass die Menschenrechte konstituierend für das Zusammenleben im 21. Jahrhundert sind. Ein solches Verständnis war ein halbes Jahrhundert zuvor noch unvorstellbar erschienen. Das macht den Kosovokrieg zu einem wichtigen historischen Meilenstein.

Für Deutschland handelte es sich bei der Beteiligung an der NATO-Luftoperation Allied Force nicht nur um den ersten Kampfeinsatz nach dem Ende des Zweiten Weltkriegs. Vielmehr befand es sich seitdem zum ersten Mal wieder in einem Kriegseinsatz. Angesichts der NS-Vergangenheit bedeutete dies eine grundlegende Zäsur. Erst die Entsendung deutscher Kampfflugzeuge ermöglichte der Bundesregierung, in den für sie wichtigen Gestaltungsforen von NATO, EU und G8 politischen Einfluss auf die Beilegung des Kosovokonflikts zu nehmen. Daher ist sie als wichtiger politischer und strategischer Erfolg zu verstehen.

Eine Streife in Prizren im Feburar 2005. Die Soldaten der KFOR haben den Auftrag, den Aufbau eines multi-ethnischen, friedlichen, rechtsstaatlichen und demokratischen Umfelds im Kosovo mit autonomer Selbstverwaltung militärisch abzusichern.

Der Einsatz deutscher Streitkräfte im Kosovo als politisches Instrument war ein wichtiger Schritt, um die Bundeswehr von einer Verteidigungsarmee zu einer Armee im Einsatz zu machen, die in Krisengebieten intervenieren konnte. Das wurde in der Folge bestimmend für den Wandel deutscher Streitkräfte auf allen Ebenen. Heute beteiligen sich Bundeswehrsoldaten in multilateralen Bündnissen an vielen Auslandseinsätzen vor allem in Europa, dem Nahen Osten, in Afghanistan oder Nordafrika, um die betreffenden Regionen zu stabilisieren.

20 Jahre sind seit dem Luftkrieg und dem Einmarsch der KFOR inzwischen vergangen. Wo also steht das Kosovo heute? Die Provinz

Ein Junge sitzt inmitten von Kerzen, die zur Erinnerung an die Vermissten des Kosovokriegs am 26. April 2013 in Priština entzündet wurden. Mehr als tausend Menschen werden immer noch vermisst.

wurde inzwischen weitgehend stabilisiert und ist seit 2008 der jüngste europäische Staat. Vieles spricht dafür, dass vor diesem Hintergrund von einem erfolgreichen Einsatz gesprochen werden kann: Der NATO gelang es, den Kosovokrieg zu beenden und der Gewalt nachhaltig Einhalt zu gebieten. Trotz dieser Erfolge bleibt die politische Situation im Land jedoch schwierig, die organisierte Kriminalität ein Problem. Auch der völkerrechtliche Status ist umstritten. Serbien und Russland, aber auch andere Staaten wie Spanien haben das Kosovo bisher nicht als unabhängigen Staat anerkannt. Noch immer befinden sich auch deutsche Soldaten vor Ort, allerdings nur noch im Hauptquartier der NATO in Priština. Das deutsche Feldlager in Prizren wurde Anfang 2019 an die UNMIK übergeben.

Trotz ihrer Kritik an der Bundesregierung unter Kohl mussten SPD und Bündnis 90 / Die Grünen feststellen, dass die Anwendung militä-

rischer Gewalt als Ultima Ratio für kollektive Sicherheit und zum Schutz der Menschenrechte notwendig sein kann. Das stellte die Partei der Grünen vor eine Zerreißprobe, schließlich ist ihre Gründung am 13. Januar 1980 in Karlsruhe untrennbar mit der Friedensbewegung der 1970er Jahre und mit den Demonstrationen gegen militärische Aufrüstung verbunden. Als die Friedensbewegung Anfang der 1980er Jahre auf die Straße ging, um gegen den NATO-Doppelbeschluss zu demonstrieren, wurde das oft fälschlich Bertolt Brecht zugeschriebene Zitat »Stell dir vor, es ist Krieg, und keiner geht hin« sehr populär. Tatsächlich hatte ein anonymer Autor die ursprünglich vom amerikanischen Schriftsteller Carl Sandburg stammende Zeile vor Brechts Koloman-Wallisch-Kantate gesetzt, nicht ohne sie um die Worte »... dann kommt der Krieg zu euch« zu ergänzen. Letztendlich gelang es auch der rot-grünen Bundesregierung nicht, dieses Dilemma anders aufzulösen.

Anhang

Zeittafel

1998

4.–7. März	Eskalation des Kosovokonflikts: großangelegte Polizeioperation serbischer Sicherheitskräfte im Drenica-Tal (Kosovo) mit mehr als 80 Opfern, darunter Frauen und Kinder
9. März	Treffen der internationalen Kontaktgruppe in London
31. März	Verhängung der UN-Resolution 1160 mit Waffenembargo gegen die Bundesrepublik Jugoslawien
28. Mai	Treffen der NATO-Außenminister: Kinkel fordert die Prüfung militärischer Planungen zur Beendigung des Kosovokonflikts.
11. Juni	Treffen der NATO-Verteidigungsminister: Rühe schließt sich der Sprachregelung seiner Verteidigungsministerkollegen an, wonach es lediglich einer »ausreichenden rechtlichen Grundlage« für ein militärisches Eingreifen der NATO bedürfe.
19. Juni	Erste Bundestagsdebatte über die eskalierende Lage im Kosovo im Zusammenhang mit der anstehenden Verlängerung des SFOR-Beitrages
Ende Juli / Anfang August	Entwurf einer phasenweisen Luftoperation gegen die Bundesrepublik Jugoslawien; Deutschland stellt 8 ECR- und 6 RECCE-Tornados.
23. September	Die UN-Resolution 1199 stellt eine Bedrohung des Friedens und der Sicherheit in der Region fest.
24. September	Treffen der NATO-Verteidigungsminister in Vilamoura: Einsatzwarnung (ACTWARN) der Operation »Allied Force«
8. Oktober	Ankündigung des NATO-Rats, den Einsatzbefehl (ACTORD) Operation »Allied Force« zu beschließen
12. Oktober	Zustimmung der designierten rot-grünen Bundesregierung zum NATO-Einsatzbefehl nach Rücksprache mit der amtierenden Bundesregierung; Vorabinfor-

	mation der Fraktionen des abgewählten Deutschen Bundestages durch die Bundesregierung
13. Oktober	Zustimmung Deutschlands zum ACTORD im NATO-Rat. NATO-Generalsekretär Solana erlässt den Einsatzbefehl. Zustimmung Miloševićs zur OSZE- und NATO-Verifikationsmission und zur Überwachung eines Waffenstillstandes
16. Oktober	Mandatierung der Bundeswehrbeteiligung an der Operation »Allied Force« durch den Deutschen Bundestag
24. Oktober	UN-Resolution 1203: Entsendung von 2000 OSZE-Beobachtern zur Überwachung der Einhaltung der Bestimmungen der UN-Resolution 1199

1999

15. Januar	Massaker von Račak
6.–23. Februar	Die internationale Kosovokonferenz auf Schloss Rambouillet bei Paris endet ohne Einigung.
15.–19. März	Folgekonferenz in Paris; erneut keine Einigung
20. März	Abzug der gesamten OSZE-Mission aus dem Kosovo. Serbische Sicherheitskräfte gehen verstärkt gegen die Bevölkerung vor. Deutlicher Anstieg der Flüchtlingszahlen
23. März	Ermächtigung des NATO-Generalsekretärs Solana zur Aktivierung der Phase I der Operation »Allied Force«
24. März	Inkraftsetzung ACTORD vom 13. Oktober 1998 durch Solana. Beginn der NATO-Luftangriffe auf das Gebiet der Bundesrepublik Jugoslawien gegen 20 Uhr
30. März	Außenminister Fischer bringt fünf Forderungen an Milošević in die Runde der sogenannten Quint (USA, Großbritannien, Frankreich, Italien, Deutschland) ein. In weiteren Abstimmungsgesprächen innerhalb der NATO, der EU und der G8 wird auf der Grundlage dieser fünf Punkte ein Friedensplan für das Kosovo entwickelt.

12. April	Gemeinsame Erklärung der NATO-Mitgliedstaaten, den Luftkrieg so lange weiterführen zu wollen, bis Milošević den westlichen Forderungen nachkommt (fünf Punkte).
23.–25. April	NATO-Jubiläumsgipfel in Washington anlässlich des 50-jährigen Bestehens: Wendepunkt im Kosovokrieg. NATO-Beschluss: Erhöhung des militärischen Drucks und Verschärfung der wirtschaftlichen Sanktionen gegen Milošević; Intensivierung des Luftkriegs. Inoffizielle Diskussion einer Angriffsoperation mit NATO-Landstreitkräften
Anfang Mai	Etablierung der G8 als Forum der Konfliktlösung
7. Mai	Bombardierung der chinesischen Botschaft in Belgrad
13. Mai	Bundesdelegiertenkonferenz von Bündnis 90 / Die Grünen in Bielefeld zur Beendigung des Kosovokriegs
20. Mai	Der russische Präsident Jelzin gibt seinen Widerstand gegen den vor allem von den USA geforderten NATO-Kern der KFOR auf. Belgrad erklärt seine Bereitschaft zu Verhandlungen mit den Vereinten Nationen auf der Grundlage des Prinzipienkatalogs der G8.
3. Juni	Billigung des Friedensplans der G8 durch das serbische Parlament
9. Juni	Unterzeichnung des Militärtechnischen Abkommens im mazedonischen Kumanovo über die Voraussetzungen zur Einstellung der Luftangriffe und zum Abzug der jugoslawischen Truppen
10. Juni	Einstellung der Luftangriffe um 3.36 Uhr nach Bestätigung des Abzugbeginns jugoslawischer Kräfte. Verabschiedung der UN-Resolution 1244. Der NATO-Rat erteilt den KFOR-Einsatzbefehl.
12. Juni	Erste KFOR-Einheiten überschreiten die Grenze zum Kosovo.

Literaturhinweise

Biermann, Rafael: Lehrjahre im Kosovo. Das Scheitern der internationalen Krisenprävention vor Kriegsausbruch. Paderborn [u. a.] 2006.

Booth, Ken (Hrsg.): The Kosovo Tragedy. The Human Rights Dimensions. London/Portland, OR, 2001.

Calic, Marie-Janine: Geschichte Jugoslawiens im 20. Jahrhundert. München 2010.

Daalder, Ivo H. / O'Hanlon, Michael E.: Winning Ugly. NATO's War to Save Kosovo. Washington, DC, 2000.

Der Kosovo-Konflikt. Ursachen-Akteure-Verlauf. Koordiniert von Konrad Clewing und Jens Reuter. München 2000.

Fischer, Joschka: Die rot-grünen Jahre. Deutsche Außenpolitik vom Kosovo bis zum 11. September 2001. 2. Aufl. Köln 2007.

Joetze, Günter: Der letzte Krieg in Europa? Das Kosovo und die deutsche Politik. Stuttgart/München 2001.

Judah, Tim: Kosovo. War and Revenge. 2. Aufl. New Haven / London 2002.

Friedrich, Roland: Die deutsche Außenpolitik im Kosovo-Konflikt. Wiesbaden 2005.

Krause, Joachim (Hrsg.): Kosovo. Humanitäre Intervention und kooperative Sicherheit in Europa. Opladen 2000.

Kriemann, Hans-Peter: Hineingerutscht? Die NATO und Deutschland im Kosovo-Krieg. Das Zusammenspiel von Politik, militärischem Denken und internationalen Konflikten. [Diss. im Erscheinen]

– »Nie wieder Krieg« – Wie die Bundeswehr in den Kosovo-Konflikt geriet [AT]. In: Einsatz ohne Krieg? Militär, Gesellschaft und Semantiken zur Geschichte der Bundeswehr nach 1990. Hrsg. im Auftrag des Zentrums für Militärgeschichte und Sozialwissenschaften der Bundeswehr von Jochen Maurer und Martin Rink. [im Erscheinen]

– Germany's participation in the NATO intervention in the Kosovo conflict in 1998 and 1999: Germany on its way to becoming an European formative power? In: Periphery or Contact Zone? The NATO Flanks 1961 to 2013. On behalf of Bundeswehr Centre of Military History and Social Sciences edited by Bernd Lemke. Freiburg i. Br. / Berlin / Wien 2015. S. 141–159. (Neueste Militärgeschichte. Analysen und Studien. 4.)

Meiers, Franz-Josef: Zu neuen Ufern? Die deutsche Sicherheits- und Verteidigungspolitik in einer Welt des Wandels 1990–2000. Paderborn [u. a.] 2006.

Overhaus, Marco: Die deutsche NATO-Politik. Vom Ende des Kalten Krieges bis zum Kampf gegen den Terrorismus, Baden-Baden 2009.

Reiter, Erich (Hrsg.): Der Krieg um das Kosovo 1998/99. Mainz 2000.

Sundhaussen, Holm: Jugoslawien und seine Nachfolgestaaten 1943–2011. Eine ungewöhnliche Geschichte des Gewöhnlichen. Wien/Köln/Weimar 2012.

Wegweiser zur Geschichte. Kosovo. Im Auftrag des Militärgeschichtlichen Forschungsamtes herausgegeben von Bernhard Chiari und Agilolf Keßelring. Paderborn [u. a.] 2008.

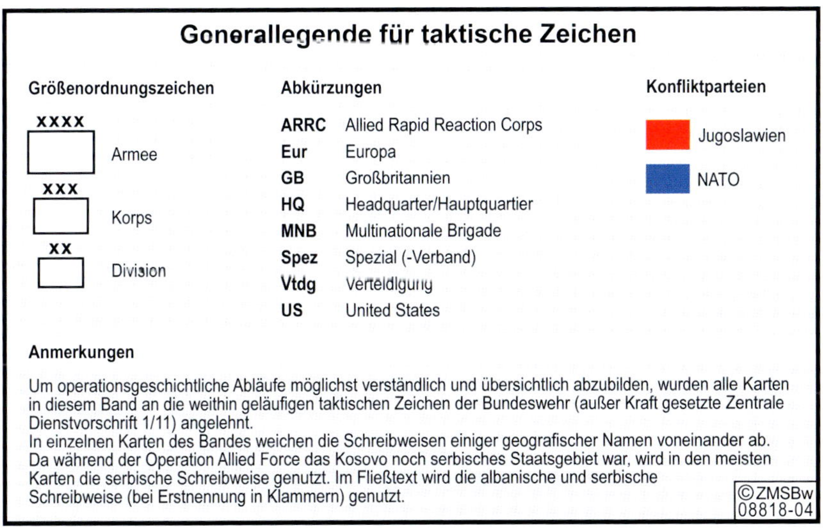

Abbildungsverzeichnis

Mediendatenbank der Bundeswehr: 102/103 Detmar Modes, 124/125 Detmar Modes, 139 Detmar Modes, 146/147 Michael Mandt

Oliver Eckstein: 127, 134

picture alliance: 7 Gero Breloer, 9 dpa/Fotoreport epa Babani, 12 dpa / Norbert Försterling, 13 Ulrich Baumgarten, 15 dpa/epa Suki, 16 KEYSTONE, 20 dpa / Fehim Demir, 23 dpa/AFP, 25 Ulrich Baumgarten, 30 dpa / Bernd Wüstneck, 32 dpa/Fotoreport Michael Jung, 33 Ulrich Baumgarten, 34 dpa/epa AFP Jacques Collet, 37 dpa/Fotoreport BELGA, 46 dpa/Ipol Kennedy, 54 dpa, 59 dpa/ANSA Daniel Dal Zennaro, 60 dpa/BELGA Daniel William, 63 dpa/epa, 67 dpa/epa Stringer, 68 dpa / Michael Jung, 71 dpa / US Airforce, 72 dpa/epa Belga Herwig Vergult, 73 dpa/epa Stankovic, 78/79 dpa/ipolcode 1385, 87 dpa / Eric Feferberg, 89 dpa / Tim Brakemeier, 92 dpa/epa Yuri Kadobnov, 93 dpa / Lehtikuva Oy Avikainen, 95 dpa/epa AFP Simon, 98 dpa/epa, 99 dpa/epa, 105 dpa/epa AFP Simon, 108 dpa/AFP Christophe Simon, 115 dpa/Köhler, 120 dpa/epa Georgi Licovski, 133 dpa/epa Sasa Maricic, 148/149 AP Photo Visar Kryeziu

Presse- und Informationsamt der Bundesregierung: 48/49 Arne Schambeck, 53 Engelbert Reineke, 77 Christian Stutterheim

reuters: 26 Oleg Popov, 35 Vincenzo Pinto, 44 Str Old, 51 Str Old, 56 Emil Vas, 64/65 Damir Sagolj, 85 Jose Manuel Ribeiro, 107 Str Old, 111 Win MacNamee, 119 Str Old, 123 Str Old, 136 Goran Tomasevic, 140/141 Damir Sagolj, 145 Hazir Reka

Personenregister